N·E·U·E·R
sportverlag

STUTTGART FEIERT DIE WM

mit Freunden aus der ganzen Welt

Die FIFA Fussball-Weltmeisterschaft 2006™

INHALT

SPIEL IN STUTTGART
Dieses Symbol bringt Sie direkt zu den Stuttgart-Spielen

DIE WELT ZU GAST IN STUTTGART

Dr. Wolfgang Schuster, Oberbürgermeister der Landeshauptstadt Stuttgart

Die Fußball-WM 2006 liegt hinter uns und damit ein großartiges und einmaliges Fest, an das wir uns noch lange erinnern werden. Ich freue mich, dass dieses Buch aus dem Neuen Sportverlag die WM-Höhepunkte festhält.

Vier Wochen lang wurde in Stuttgart ein fröhliches und friedliches Fest gefeiert, das den WM-Slogan „Die Welt zu Gast bei Freunden" Wirklichkeit werden ließ. Das gute Abschneiden der deutschen Nationalmannschaft und auch das wunderbare Wetter taten ein Übriges, um ganz Stuttgart in Partylaune zu versetzen. Die Idee, den Public Viewing Bereich auf den Schlossplatz zu legen, war absolut richtig: 1,5 Millionen begeisterte Fans strömten bei den Spielen auf den Platz, um miteinander ein Fußball-Fest zu feiern.

Das Spiel der deutschen Nationalmannschaft gegen Portugal im Kleinen Finale war der Höhepunkt der WM-Spiele hier in Stuttgart. Die Fans haben dem Team rund um Jürgen Klinsmann einen tollen Empfang bereitet. Alle haben gespürt, dass wir in seiner Heimat besonders mit dem Team mitfiebern.

Die WM hat gezeigt: Stuttgart ist eine gastfreundliche und weltoffene Stadt, in der sich Fans aus der ganzen Welt zu Hause fühlen. Die vielen verschiedenen Fahnen, Trikots und Nationalitäten, die hier vier Wochen lang zu sehen waren, haben unsere ohnehin schon sehr internationale Stadt bereichert. Ich bin überzeugt, dass viele Fans gerne an Stuttgart zurückdenken und wiederkehren werden.

Auch das UNESCO-Weltjugendfestival, zu dem in der ersten Juli-Woche 2.006 Jugendliche aus allen Kontinenten und mehr als 70 Ländern nach Stuttgart kamen, war ein voller Erfolg. Dieses Festival, das erstmals in der Geschichte der UNESCO stattfand, hat Jugendliche verschiedenster Kulturen zueinander geführt und sie haben miteinander Freundschaft geschlossen. Für diese jungen Menschen, die teilweise erstmals in ein anderes Land gereist sind, wird Stuttgart immer ein großartiges Erlebnis bleiben.

Auch Staatsgäste und zahlreiche Journalisten haben sich in Stuttgart zu Hause gefühlt. Im Rathaus, im Stadion oder im Neuen Schloss konnten wir zahlreiche Repräsentanten aus den verschiedensten Ländern begrüßen. Mehr als 2.000 Medienvertreter aus der ganzen Welt waren in unserem City Media Point im Neuen Schloss zu Gast und berichteten sehr positiv über die Atmosphäre und Begeisterung in Stuttgart.

Die intensive und monatelange Vorbereitung sowie der finanzielle Einsatz für die WM haben sich gelohnt: Stuttgart hat sich als sympathische, fröhliche und begeisterungsfähige WM-Stadt präsentiert. Hierzu haben viele Menschen und Institutionen beigetragen, denen ich auf diesem Weg meinen ausdrücklichen Dank aussprechen möchte.

Gleichzeitig danke ich den Stuttgarterinnen und Stuttgartern, die mit großer Gelassenheit in den Monaten vor der WM einige Baustellen und damit einhergehende Verkehrsbehinderungen in Kauf genommen haben. Und nicht zuletzt danke, dass die Fans mit ihrer Begeisterungsfähigkeit, ihrer fairen und weltoffenen Art unsere Gäste aus aller Welt Willkommen geheißen haben.

Ihr

PAUL UWE DREYER IM GESPRÄCH MIT HANSI MÜLLER

Das Interview fand in den Räumen des Medienzentrums West statt

HANSI MÜLLER

WM-Botschafter der Stadt Stuttgart

- 1963 Beginn der Fußball-Karriere beim SV Stuttgart-Rot, dann 1977 bis 1982 Spieler in der Fußball-Bundesliga beim VfB Stuttgart, später bei Inter Mailand und FC Tirol
- 1978 bis 1983 spielte er als Mitglied der Deutschen Nationalmannschaft in 42 Spielen (5 Tore) mit und wurde 1980 Fußball-Europameister und 1982 Vizeweltmeister

PROF. DR. H.C. PAUL UWE DREYER

Rektor a.D., Staatliche Akademie der Bildenden Künste, Stuttgart

- 1974 Ernennung zum Professor an der Staatlichen Akademie der Bildenden Künste in Stuttgart
- 1999 Verleihung des Bundesverdienstkreuzes am Bande der Bundesrepublik Deutschland
- 2005 Verdienstmedaille des Landes Baden-Württemberg

PAUL UWE DREYER: **Hansi Müller, Deutschland hat in zwölf WM-Städten insgesamt 64 Spiele erlebt und dazu vier Wochen lang ausgelassene Partys gefeiert. Die deutsche Mannschaft hat sich mit begeisterndem Fußball den dritten Platz erspielt. Was war für Sie das faszinierendste Erlebnis dieser WM?**

HANSI MÜLLER: Also ich denke zunächst einmal, dass diese Weltmeisterschaft so dynamisch und energiegeladen war, wie wir es alle in diesem Ausmaß nicht erwartet hätten. Ich habe schon zu meinen aktiven Zeiten als junger Spieler gesagt: Fußball bietet mehr Möglichkeiten, positive Dinge zu erschaffen, als jede andere Sportart oder vielleicht sogar jede andere Sache der Welt. Zu meiner Zeit, als ich beispielsweise 1978 in Argentinien spielte, haben noch 16 Nationen an einer Weltmeisterschaft teilgenommen. Diesmal haben 32 Mannschaften gespielt und alle Kontinente waren mit eingebunden. Die WM wird für Deutschland, und vor allem auch für Stuttgart, unvergesslich bleiben. Man muss sich nur mal vor Augen halten, wie die Fans ihre Mannschaft am Tag des „Kleinen Finales" vor dem Hotel gefeiert haben. Das war für mich einer der ganz besonderen Momente dieser Weltmeisterschaft. Nach diesen mehr als vier Wochen kann ich sagen, dass ich wirklich stolz darauf bin, ein Stuttgarter zu sein.

Wie ordnen sie diese Weltmeisterschaft im Vergleich zu anderen Großereignissen ein – beispielsweise zu den Olympischen Spielen?

Diese Weltmeisterschaft war ein Medienereignis, das seinesgleichen sucht. Innerhalb von vier Wochen waren 30.000 Journalisten aus 215 Ländern in der Stadt. Das ist auch nicht mit Olympischen Spielen vergleichbar, die ja mit ihren vielfältigen Wettbewerben fast für die gesamte Breite des Sports stehen. Fußball ist einfach Fußball und man hat bei dieser Weltmeisterschaft wie kaum zuvor gespürt, dass plötzlich Leute anfangen sich für Fußball zu interessieren, die vorher dagegen waren, die demonstrativ den Fernseher ausgeschaltet haben, wenn Fußball gesendet wurde. Dieser Sport bringt Menschen, Kulturen, Mentalitäten und Nationen unabhängig von Glaubensbekenntnissen oder ähnlichen Unterschieden zusammen.

Ich bin sogar aus den USA angerufen worden, wo der Fußball ja nach wie vor nicht die bedeutende Rolle spielt wie bei uns. Die Amerikaner haben mit Erstaunen registriert, was während der Weltmeisterschaft in Deutschland passiert ist. Soviel begeisterte Fans bekommen sie nämlich nicht einmal bei ihren eigenen Sportveranstaltungen auf die Beine.

Ich sehe mir auch gerne Baseball oder American Football an, beispielsweise das Endspiel um den Super-Bowl. Aber die Regeln sind bei diesen Sportarten vergleichsweise kompliziert und man versteht als unbedarfter Zuschauer vieles nicht. Fußball ist auch deshalb so beliebt, weil das Spiel so einfach ist. Es spielen 11 gegen 11, und wenn der Ball im Netz zappelt, dann weiß jeder, jetzt steht es 1:0. Und wenn der Ball auf der anderen Seite im Netz zappelt, dann steht es 1:1. Auch das macht die Faszination beim Fußball aus. Außerdem hat vermutlich jeder in seiner Jugend schon einmal Fußball gespielt, auch wenn er nur gegen eine Cola-Dose gekickt hat.

Die Nostalgie mag für viele Fans eine Rolle spielen, wenn sie an Fußball denken. Und die Dramaturgie dieser Weltmeisterschaft hat dafür gesorgt, dass sich auch künftig viele Anhänger an ganz besondere Momente der WM 2006 erinnern werden.

Das stimmt. Mir fällt da spontan diese einzigartige Spannung ein, die während des Spiels zwischen Deutschland und Polen in Dortmund aufkam: Zunächst treffen die Deutschen innerhalb von wenigen Sekunden zweimal die Latte und in Millionen deutschen Wohnzimmern stöhnen die Fans gequält auf. Dann wird Oliver Neuville beim Stand von 0:0 eingewechselt und macht in der Nachspielzeit das 1:0. In dieser Sekunde ist das Stadion in Dortmund explodiert. Wenn du ein Fußballspiel ansiehst, dann weißt du eines ganz genau: Bis zur letzten Sekunde kann immer noch etwas passieren. Man braucht dazu gar nicht viel vom Regelwerk verstehen. Sicher, inzwischen gibt es das Abseits, über das manche Zuschauer vielleicht immer noch ins Grübeln geraten. Aber im Fernsehen zeigen sie die umstrittenen Situationen dank modernster Technik immer wieder. Da muss man die Regeln gar nicht erklären.

Die befürchteten Krawalle sind während der WM weitgehend ausgeblieben, gewaltbereite Hooligans hat man in Deutschland so gut wie nicht gesehen. Woran hat das Ihrer Ansicht nach gelegen?

Also zum einen wurde lange vor der WM ja eine eigene Beobachtungsgruppe eingerichtet, in der aus allen relevanten Bereichen Mitarbeiter vertreten waren. Ein Kreis von etwa 25 Personen von der Stadt, der Polizei und dem gesamten Bereich Stadionsicherheit hat sich alle drei bis vier Wochen getroffen und überlegt, was etwa passiert, wenn die Engländer oder die Holländer anrücken. Natürlich haben die Verantwortlichen vor der WM verschiedene Szenarien durchgespielt – eines sah beispielsweise so aus: Es kommen 50.000 Holländer, aber nur 20.000 Fans haben eine Karte. Dann ging die Überlegung los, was die restlichen 30.000 Fans in der Innenstadt treiben werden.

Die sind dann zum Public Viewing auf den Schlossplatz gegangen.

Genau, deshalb war das Public Viewing ja so eine geniale Idee. Man bietet den frustrierten Fans, die keine Karte bekommen haben, ein gemeinsames Fußballerlebnis mit Stadionatmosphäre. Und es waren viele Fans, die keine Karte bekommen hatten. Es gab bestimmt 40 Millionen Anfragen nach Tickets – dabei konnte die FIFA nur 3,2 Millionen Karten verkaufen, und nur ein Bruchteil davon ist im freien Verkauf gelandet. Natürlich musste man auch im Vorfeld seine Hausaufgaben machen, damit es hinterher auch friedlich zugeht. Es mussten an den Eingängen des Schlossplatzes Kontrollen durchgeführt werden und das Gelände musste eingezäunt sein. Dabei musste großer Wert darauf gelegt werden, mit Fingerspitzengefühl vorzugehen, wenn man den Fans beispielsweise am Eingang gefährliche Gegenstände wegnehmen musste.

Bei den Sicherheitsfragen hat auch die moderne Technik bedeutend weitergeholfen.

Richtig, zum Beispiel das Internet. Mit dessen Hilfe gab es einen Datenaustausch zwischen der Polizei in Holland und der Stuttgarter Polizei. Das Ziel war, potenzielle Gewalttäter, die vielleicht sogar schon ein Stadionverbot hatten, an der Einreise zu hindern oder sie zumindest im Auge zu behalten. Dass es beim Spiel gegen die Polen vermutlich zu Ausschreitungen kommen würde, das war allen bewusst. Das braucht man hinterher auch gar nicht schönreden. Aber wenn man die gesamte WM betrachtet, dann muss man einfach von einer unglaublich gelungenen Weltmeisterschaft sprechen, von einer friedlichen Weltmeisterschaft. Der Slogan „Die Welt zu Gast bei Freunden" war im Nachhinein genau richtig. Tolerant sein, freundlich auf die Leute zugehen, Emotionen zeigen – das sind die Schlagworte dieser WM. Und ich habe in Stuttgart mehrfach selbst erlebt, wie hilfsbereit und offen die Schwaben im Umgang mit den Hunderttausenden von Touristen waren.

Welchen Anteil hat daran die deutsche Mannschaft und ihr unerwarteter Erfolg?

Die Jungs von Jürgen Klinsmann haben natürlich Unglaubliches geleistet und der WM im eigenen Land ihren Stempel aufgedrückt. Es ist einfach großartig, welche Emotionen dabei geweckt worden sind. Für mich, als stolzen WM-Botschafter der Stadt Stuttgart, der zwei Minuten vom Schlossplatz entfernt geboren wurde, waren diese Spiele ein unvergleichliches Erlebnis. Ich freue mich vor allem, dass bei allen Unwägbarkeiten, die man eben vorher nicht planen kann, alles funktioniert hat. Das war mir ein ganz großes Anliegen und fast wichtiger, als der sportliche Verlauf des Turniers. Dass es mit unserer Mannschaft letztlich geklappt hat und das Team nach einem großartigen Turnier auf dem dritten Platz gelandet ist, war natürlich umso schöner. Aber über dem Sportlichen steht das völkerverbindende Ziel, Emotionen zu wecken, Verbindungen zu schaffen und Grenzen einfach einzureißen. Und all das ist uns mit dieser WM hundertprozentig gelungen.

Das Gemeinschaftserlebnis hat bei dieser Weltmeisterschaft eine enorm wichtige Rolle gespielt. Die Fans haben sich zusammen gefreut und sie haben zusammen gelitten. Und dann hat sich natürlich einmal mehr bewahrheitet: Was Franz Beckenbauer anfängt, das wird zu Gold. Sogar das Wetter hat mitgespielt, was in diesen Breitengraden ja alles andere als selbstverständlich ist.

Über das Wetter habe ich mich mit unzähligen Fans aus Australien, Tunesien und aller Herren Länder unterhalten. Viele waren zum ersten Mal in Deutschland und haben daher gedacht, dass es hier immer so schön ist – und natürlich wollen sie jetzt wieder kommen. Das ist ja das Tolle. Ich war ja damals schon optimistisch, als ich in der Zeitung gelesen habe, dass sich Deutschland für die WM bewirbt. Das war im Jahr 1998 und ich habe sofort nach der Zeitungslektüre bei der Zulassungsstelle angerufen und mir das Kennzeichen „S-WM 2006" reservieren lassen. Zwei Jahre später am 6. Juli hat der FIFA-Chef Joseph Blatter dann verkündet: „The winner is Deutschland", fünf Tage später war das Kennzeichen an meinem Auto montiert. Viele wussten nicht, was das bedeuten soll, „S-WM 2006", sie haben damals gemeint, dass das irgendwelche Namensinitialien sind. Dass ich dann auch noch WM-Botschafter der Stadt Stuttgart geworden bin, ist umso schöner. Auf meine Weise war ich das ja auch schon zuvor. Später haben sich dann viele um das Kennzeichen bemüht – aber sie sind eben zu spät gekommen.

Alle Spiele waren während der Weltmeisterschaft ausverkauft, um die Tickets mussten sich die Fans online bewerben. Diese Entwicklung ist bedauerlich, da viele Menschen diese Möglichkeit gar nicht haben. Verliert der Sport dadurch nicht die Bodenhaftung?

Für die Abwicklung und auch die Personifizierung der Tickets, um den Schwarzmarkthandel einzudämmen, war es offenbar am einfachsten, den Verkauf über das Internet abzuwickeln. Wer keinen Internetanschluss hatte, konnte die Karten auch direkt über den Deutschen Fußballbund bestellen. Außerdem muss man ganz nüchtern festhalten, dass das Geld heutzutage im internationalen Fußballgeschäft die absolut dominierende Rolle spielt. Wenn ich überlege, dass heute ein Fußballer im Monat mehr verdient, als ich damals im Jahr verdient habe, dann sieht man schon, welche Dimensionen das Ganze erreicht hat. Und wenn man 15 Hauptsponsoren bei einer WM hat, die einen Haufen Geld hinblättern, dann sind gewisse Exklusivitäten und Bevorzugungen bei der Ticketvergabe eben an der Tagesordnung.

Aber verstehen Sie nicht dennoch, dass Fans, die während einer Bundesligasaison eine Dauerkarte und einen Stammplatz im Stadion besitzen, enttäuscht waren, als sie bei der WM leer ausgingen?

Natürlich habe ich dafür Verständnis. Es kommt ganz automatisch Kritik auf, wenn die wahren Fans sich die Spiele zu Hause ansehen müssen. Eine Karte zu ergattern, ist natürlich nicht allen Fans gelungen, gar keine Frage. Wenn man überlegt, dass wir alleine in Fußballvereinen etwa sechs Millionen Mitglieder haben, aber nur 3,2 Millionen WM-Tickets zur Verfügung standen, dann sieht man schon, dass gar nicht alle Fans bedient werden konnten. Und ich rede jetzt nur von den Leuten, die einem Fußballverein angehören. Dabei haben wir noch im Gegensatz zu anderen Ländern viele große Stadien, etwa in Dortmund, Gelsenkirchen, München und Berlin, wo 60.000 bis 70.000 Zuschauer reinpassen. Die kleinen Stadien wie Leverkusen mit einer Kapazität von 18.000 Plätzen hat man erst gar nicht genommen. Auch deshalb war es so unglaublich wichtig, in allen Städten und auf allen Plätzen Public Viewing anzubieten. Darum haben die Veranstalter lange gekämpft, weil es am Anfang keine Genehmigungen seitens der FIFA für Übertragungen auf öffentlichen Plätzen gegeben hatte. Nach den vielen Ticketanfragen hat man dann aber klein beigegeben und die Großleinwände möglich gemacht.

Apropos Schwarzmarkt: Trotz aller Vorkehrungen wurden auch bei dieser WM Spitzenpreise erzielt, und der normale Fan war wieder einmal der Dumme.

Bei den Preisen wurde meiner Meinung nach darauf geachtet, dass sie im Rahmen liegen und beispielsweise ein Kurvensitzplatz für 40 Euro zu haben ist oder ein seitlicher Gegentribünenplatz für 60 bis 70 Euro. Wenn ich allerdings sehe, dass Kategorie-1-Karten im Berliner Stadion fürs Endspiel auf normalem Wege – also nicht auf dem Schwarzmarkt – 630 Euro gekostet haben, dann ist das schon diskussionswürdig. Da hatten sie richtig hingelangt, das sprengt jede Vorstellungskraft. Grundsätzlich wurde aber darauf geachtet, dass die Tickets erschwinglich waren und die Vergabe sich gerecht verteilte.

Lassen Sie mich ein Wort über die Taktik der Mannschaften bei der WM 2006 verlieren: Die deutsche Mannschaft hat wider Erwarten mit zwei Spitzen erfolgreich und begeisternd gespielt – im Gegensatz zu vielen anderen Mannschaften. Wobei Italien in der Verlängerung gegen Deutschland immerhin mit drei Stürmern gespielt hat. Haben Sie neue spieltaktische Varianten bei dieser WM beobachtet?

Bevor ich auf das Thema Spieltaktik und neue Trends im Fußball eingehe, möchte ich ein paar Worte über das Halbfinale und die Niederlage des deutschen Teams verlieren. Italien hatte bis zu diesem Zeitpunkt noch kein Tor eines gegnerischen Spielers zugelassen, das einzige Gegentor war ein Eigentor. Die Abwehr stand bombensicher und hinten hatten sie einen Fabio Cannavaro dringehabt, der für mich der zweikampfstärkste Spieler der WM war, eine Leitfigur und ein verlängerter Arm des Trainers. Cannavaro verkörpert all diese Eigenschaften, aber er ist halt Abwehrspieler und kein Stürmer wie ein Thierry Henry, Ronaldinho, Miroslav Klose oder Lukas Podolski, die immer im Rampenlicht stehen, wenn sie Tore schießen. Aber er ist das Herz dieser Mannschaft, ein Kämpfertyp, der dafür sorgt, dass der Gegner keine großen Chancen bekommt. Und vorne haben sie einfach gute und torgefährliche Leute.

Sie schätzen den italienischen Fußball, weil sie selbst damals für Inter Mailand aufgelaufen sind und eine großartige Zeit jenseits der Alpen erlebt haben...?

Das stimmt schon. Ich habe sowohl in der Serie A gespielt, als auch mit der Nationalmannschaft oft gegen die „squadra azzura" gekickt. Daher weiß ich aus eigener Anschauung, was das für ausgebuffte und abgezockte Fußballspieler sind. Die machen in der Woche im Training manchmal nur Blödsinn und am Sonntag um 15.30 Uhr sind die dann plötzlich extrem heiß und mit Biss beim Spiel. Die Italiener hatten bei diesem Turnier einfach auch eine gute Mischung, und darauf kommt es neben der taktischen Schulung eben an: Die richtige Mischung zwischen Spielern, die dagegen halten und das Spiel des Gegners zerstören auf der einen, und den Kreativkräften auf der anderen Seite, die aber auch helfen müssen, nach hinten abzusichern.

Haben die Italiener zu Recht den WM-Pokal in den Händen gehalten?

Sie sind aus meiner Sicht ein verdienter Sieger – auch wenn das Endspiel vielleicht nicht in jeder Minute das gehalten hat, was sich die Fans in aller Welt erträumt hatten. Ich glaube, dass die Italiener gegen uns im Halbfinale ein großes Spiel gezeigt haben. Im Finale hatten sie eben auch beim Elfmeterschießen das nötige Quäntchen Glück.Und dann kam ihnen auch noch die Unbeherrschtheit von Zidane mit seinem Kopfstoß zu Hilfe.

Warum hat es für die deutsche Elf bei dieser Weltmeisterschaft im Halbfinale noch nicht ganz gereicht?

Die Schwierigkeiten vor dem eigenen Tor waren nicht das eigentliche Problem der deutschen Abwehr. Schon im Mittelfeld hat man einfach zu wenig im Defensivbereich getan. Deshalb sind wir im Halbfinale immer wieder in die Bredouille gekommen. Dennoch haben auch die sieben Spiele der deutschen Mannschaft eines gezeigt: Der heutige Fußball ist noch schneller und noch aggressiver geworden als früher. Das geht natürlich ganz klar zu Lasten des schönen Fußballspiels und der schönen Situationen, wie sie vielleicht noch von einem Ronaldinho zu sehen sind. Leider sieht man solche technischen Raffinessen immer seltener, weil auch die Risikobereitschaft abgenommen hat. Wenn du zwei Pässe gespielt hast, die nicht angekommen sind, überlegst du, ob du den dritten Pass auch noch spielst. Diese Risikobereitschaft, die das schöne Spiel ausmacht, hat also abgenommen, und dann gibt es auch immer weniger von diesen Vollblutfußballern.

Woran liegt das Ihrer Meinung nach?

Es kommt einfach zu wenig aus dem Jugendbereich und den unteren Spielklassen nach. Und dann ist praktisch jede Liga in Europa überschwemmt von ausländischen Spielern, die für ein durchschnittliches Gehalt durchschnittlich spielen, damit aber den Nachwuchs blockieren. Der DFB muss wieder mit mehr Stützpunkten arbeiten. Inzwischen gibt es Bundesligaspiele, bei denen nur noch zwei bis drei deutsche Spieler auf dem Platz stehen. Das ist schon etwas alarmierend und hat ja auch wieder Einfluss auf den Weltfußball. Jürgen Klinsmann muss heute aus 70 bis 80 Spielern seine Mannschaft zusammenstellen, bei Rudi Völler waren es vielleicht noch 100 und zu meiner Zeit mit Jupp Derwall waren es noch 400. Da ist es doch klar, dass man als Trainer der Nationalmannschaft nicht mehr so aus dem Vollen schöpfen kann. Wenn man den Trend im Fußball beschreiben will, muss man also auch feststellen, dass die guten Fußballer langsam immer weniger werden. Die Typen gibts nicht mehr, ein Mario Basler, der auch mal Blödsinn macht und auf dem Feld Geniales leisten kann. Darüber sprechen die Menschen noch wochenlang, und das gehört eben auch zum Fußball. Doch das Entertainment fehlt, weil alles ernster geworden ist und weil es um immer mehr Geld geht.

Stuttgart hat vier Wochen lang eine einzige Party gefeiert und Tausende von ausländischen Fans in der Stadt begrüßt. Glauben Sie, dass auch der Stuttgarter Fußball von diesem Großereignis profitieren kann?

Das ist eine ganz schwierige Frage. Man darf sich jetzt natürlich nicht von diesem Ereignis blenden lassen. Ich habe sechs WM-Spiele im Stadion erlebt, aber das hatte mit einem normalen Bundesligaspielbetrieb nichts zu tun. Grundsätzlich wurde durch die WM das Thema Fußball in Deutschland aufgewertet. Die Aufmerksamkeit und das Interesse sind jetzt noch größer als zuvor. Nun kommt es darauf an, was die Vereine daraus machen und ob sie den Rückenwind ausnutzen. Letztlich hängt vieles – wie immer im Sport – davon ab, wie erfolgreich die Mannschaften spielen. Wenn das Ergebnis stimmt, dann kommt auch die Euphorie, und dann kommen auch die Zuschauer in die Stadien. Und das überträgt sich letztlich auch auf die Spielfreude der Mannschaften, die natürlich lieber vor vollen Rängen spielen, als vor leeren.

Jürgen Klinsmann und seine Trainerkollegen haben einen Reformkurs verlangt und sie haben ihn auch durchgesetzt. Die neue Ordnung der Trainerspitze hat natürlich die lähmenden Verkrustungen dem Vorstand des DFB offen gelegt. Muss dieser Prozess noch weitergehen?

Es ist natürlich so, dass ein junger Mensch wie Jürgen Klinsmann, der inzwischen acht Jahre in den USA lebt und dort jede Menge neue Eindrücke gewinnt, über den berühmten Tellerrand hinausschauen kann. Er bekommt dort einfach mit, was in einem Land wie den Vereinigten Staaten, aus denen wir in allen möglichen anderen Bereichen Dinge übernehmen, alles möglich ist. Dass im Spitzensport in den verschiedensten Bereichen nur noch mit Spezialisten gearbeitet wird, ist in den USA längst ein alter Hut. In den letzten zwei Jahren war eine sehr junge Generation mit einer neuen Philosophie und Strategie am Werk. Da ist es natürlich klar, dass es nicht einfach ist, die Vorstellungen und Visionen von heute auf morgen beim DFB durchzusetzen, weil man dort in der Führung auf eine ganz andere Generation trifft, die gerne an bewährten Mechanismen festhält, durch die man in der Vergangenheit auch einige Erfolge erzielen konnte.

Dann hat sich der DFB mit Jürgen Klinsmann aber den falschen Mann für den Weiter-so-Kurs ausgewählt?

Mag sein, aber im Nachhinein sind wir doch alle zusammen froh, was diese Entscheidung betrifft. Jürgen Klinsmann ist einfach erfolgshungrig und wenn ich mir das Unternehmen Nationaltrainer antue und damit auch auf Lebensqualität verzichte und auch noch mehr in der Öffentlichkeit stehe, dann will ich mein Ding durchziehen. Ich glaube, so hat es Jürgen Klinsmann gesehen. Deshalb hat er sich hingestellt und gesagt: Ich mach' diesen Job nur dann, wenn ihr auf meine Vorstellungen eingeht. Und dann hat er den eisernen Besen ausgepackt und Leute um sich gesammelt wie Joachim Löw, Oliver Bierhoff und Andreas Köpke, mit denen er bereits zusammengearbeitet hat und denen er vertraut. Dazu hat er seinen Mentaltrainer aus den USA geholt und einen Fitness-Trainer, und er hat ein sensationelles medizinisches Team aufgebaut mit Leuten wie Hansi Montag. Er hat damit aufgezeigt, welcher Weg der richtige ist: hundertprozentige Fitness. Wer bei einem Turnier wie der Weltmeisterschaft etwas erreichen will, muss zunächst einmal fit sein und in der Lage, dagegen zu halten. Wenn sie körperlich mithalten können, kommt der Rest dann fast von selbst.

Wofür steht Jürgen Klinsmann in ihren Augen? Er hat sich gerade gegenüber den Medien als Privatperson lange abgeschottet und ist für viele vor der WM als Mensch gar nicht richtig greifbar gewesen.

Jürgen Klinsmann steht für Erfolg. Er war Europameister, Weltmeister und er hat gemeinsam mit seinen Vereinen in Deutschland, Italien und in England viel erreicht. Er war in vielen Ländern unterwegs und hat sich dort einen Riesennamen gemacht. Nicht weil er ein Maradona war oder ein Zico oder Péle, sondern weil er das Optimale aus sich herausgeholt hat, sein Leistungsvermögen maximal ausgeschöpft hat mit Herzblut und mit Leidenschaft. Vor diesem Hintergrund hat er die Gunst der Stunde genutzt und gesagt, ich geh' das Unternehmen WM an, aber ich gebe die Spielregeln vor, ich stelle die Bedingungen. Und da hat der DFB klein beigeben müssen und inzwischen selbst gemerkt, dass Klinsmanns Weg der richtige ist. Er hat ja auch nicht versucht, den Fußball komplett umzukrempeln. Er hat vielmehr versucht, einen neuen Teamgeist zu schaffen, und das ist ihm zweifellos gelungen.

Warum ist es Jürgen Klinsmann nach dem Erfolg bei der WM so schwer gefallen, eine Entscheidung zu treffen, ob er weitermacht oder aufhört?

Weil er genau wusste, dass er weitere Forderungen stellen muss, um seinen Weg der Erneuerung weiterzugehen. Außerdem kenne ich den Jürgen als Mensch ziemlich gut. Daher weiß ich genau, dass er die Anonymität liebt und auch deshalb schon lange in den USA lebt. Es schmeckt ihm nicht, wenn er mit den Kindern auf dem Bolzplatz ist und mitbekommt, dass er von Kamerateams und Fotografen gefilmt oder fotografiert wird. Jürgen Klinsmann ist nicht nur Bundestrainer, er ist ein Familienmensch, und er wird auch seine Lebensqualität mit seinen Kindern Jonathan (9) und Lyla (6) wieder zurück haben wollen. Wenn er, was ich verstehen würde, als Bundestrainer zurücktritt, dann ist das sicherlich keine Entscheidung gegen den DFB, sondern für seine Familie. Er hat eine Mannschaft geformt, die er besten Gewissens an Jogi Löw übergeben kann. Er wird die Podolskis und Ballacks auf die nächste Europameisterschaft ebenso gut vorbereiten, wie Klinsmann. Der neue Geist, den Jürgen den Spielern beigebracht hat, der wird bleiben.

Anmerkung der Redaktion: Jürgen Klinsmann hat am 12. Juli bekannt gegeben, dass er seinen Vertrag beim DFB als Trainer der deutschen Nationalmannschaft nicht verlängert. Joachim Löw hat daraufhin einen Zwei-Jahresvertrag als neuer Bundestrainer mit dem DFB abgeschlossen.

FANS UND SPIELE AUF DEM SCHLOSSPLATZ

Das Zentrum für die angereisten und die einheimischen Fußballfreunde war neben dem Gottlieb-Daimler-Stadion der Schlossplatz. Hier fanden die Übertragungen statt, auf diesen Schauplatz konzentrieren sich die folgenden Bildberichte, die in der Reihenfolge der Spiele angeordnet sind. Natürlich feierte man nicht nur auf dem Schlossplatz, sondern zum Beispiel auch auf der Theodor-Heuss-Straße als der gewohnten Route der Auto-Korsos, die aber besonders bei den Deutschland-Spielen von den Fans zu einer Steh-Party-Meile umfunktioniert worden war. Bei den sechs Spielen, die in Stuttgart stattgefunden hatten, erweiterten wir unseren Fokus auf das Stadion, das Baden-Württemberg-Haus neben dem neuen Mercedes-Benz Museum und auf das Rathaus.
Auf dem Bild rechts steht das Publikum auf der Treppe neben dem Kunstmuseum. An dieser Seite des Schlossplatzes wurden kurz vor Beginn der WM die neuen Königsbau-Passagen fertig gestellt. Sie und das Kunstmuseum repräsentieren mit dem Neuen und dem Alten Schloss mehr als tausend Jahre Stadtgeschichte. Ebenfalls erkennbar ist, dass es sich bei unserem Schlossplatz um einen der schönsten Plätze Deutschlands handelt. Besonders aber dürfen wir uns darüber freuen, dass die Figur auf der Jubiläumssäule im Zentrum des Schlossplatzes den Namen Concordia trägt. Das bedeutet Einigkeit. Dieses erste Wort unserer neu gewonnenen Nationalhymne hat nicht nur unsere Mannschaft beflügelt oder uns Deutschen einen Begriff für ein neues Zusammengehörigkeitsgefühl gegeben, an dem auch viele unserer ausländischen Mitbürger teilhaben. Es steht auch für das glückliche Erlebnis unzähliger Gäste aus aller Welt, über allen schmerzlichen Daseinswirklichkeiten doch auch das Bewusstsein zu teilen, Bürger dieser einen Welt zu sein.

DEUTSCHLAND 4 : 2 COSTA RICA

Vorrunde, 9. Juni 2006

Endlich war es soweit, heute startete die WM. Was hatte diese Stadt die Ärmel hochgekrempelt! Das Stadion war umgebaut, die Königstraße zum Flanieren frisch gepflastert, das neue Kunstmuseum eingeweiht, ein Teil der Konrad-Adenauer-Straße überdeckelt und schließlich noch das jüngste Schmuckstück hingestellt, das Mercedes-Benz Museum. Plätze waren ausgestattet, Großbildschirme installiert, das Weindorf ausgeschmückt, beim Gottlieb-Daimler-Stadion die große Zeltstadt aufgebaut. Die Arbeit war getan, die Stadt bestens vorbereitet und lächelte in allen Farben, Sonnenschein und eine sanfte Brise passten zur erwartungsfrohen Stimmung.

Jetzt war die Welt in Stuttgart angekommen. Ob in der Innenstadt, am Neckar oder auf den Höhen, man fühlte die Gemeinsamkeit gerade auch bei all den Unterschieden, die sich durch Flaggen, Kleider und Gesichtsbemalungen zeigten. Geglückte Globalisierung? Wenn es das je gegeben hat, dann war es wohl beim Anpfiff: Es war eine Welt, die sich friedlich in Stuttgart auf dem Schlossplatz in den 40.000 Menschen zu erkennen gab.

Und dann ging es los! Dass ausgerechnet Philipp Lahm, der wieselflinke Linksverteidiger schon nach den ersten fünf Minuten den Ball mit einem Wunderschuss im Tor versenkte, war wie das Knallen einer Dosenaufreißlasche, die allen Frust befreite. Das konnte auch ein Gegentor nicht ändern. Miro Klose setzte noch eins drauf und nach der Pause gings so weiter. Dann noch ein Gegentor, bis Frings zum Schluss den Sack verschloss und das große Feiern begann.

Einlasskontrolle auf dem Schlossplatz

Tor – Welt, lass dich umarmen

Das 3:2 – weiter so

4:2 – die Flagge wird eingeholt

Am ersten Tag stimmt gleich alles: das Wetter, die Stimmung und das Ergebnis

So voller Kraft und mit Selbstvertrauen spielt auch die deutsche Mannschaft

DIE NEUE
107.7
NONSTOP POP UND ROCK
GERMANY

POLEN 0 : 2 ECUADOR

Vorrunde, 9. Juni 2006

Während Deutschland feierte, trafen sich im Weilimdorfer Jugendhaus die Ecuadorianer, um ihre Mannschaft zu bejubeln. Da hatten sie auch allen Grund dazu. Denn die überraschend starken Südamerikaner besiegten die Polen in Gelsenkirchen klar mit zwei Toren. Das konnte die zahlreichen Mitglieder des polnischen Kulturvereins im ehemaligen Straßenbahndepot des Stuttgarter Ostens aber nicht entmutigen. Denn die eigentliche Bewährungsprobe gegen Deutschland stand ja noch bevor. Nicht anders wird man es wohl auch in Lodz gehalten haben, der polnischen Partnerstadt Stuttgarts.

ENGLAND 1 : 0 PARAGUAY

Vorrunde, 10. Juni 2006

Was erlebte nur der Zeichner Skilton aus Kent! Er hatte dort seinen Stuttgarter Kollegen Peter Ruge kennengelernt, der auch zur Jury für den Zeichenwettbewerb „Faszination Fußball" gehört. Nun kam Skilton zur WM und stöberte auf dem Flohmarkt, der verlegt worden war, weil an seinem sonstigen Standort die hiesige Spitzentechnologie präsentiert wurde. Skilton fand ein altes Schild über Rosen, das er an einer Stelle als jenes erkannte, von dem er einst das Abbild einer Rose abgeschlagen hatte, um es seiner Jugendliebe zu verehren. Fußball gab es auch. In Frankfurt schlug England Paraguay mit einem 1:0. Es war kein glanzvolles Spiel.

England, England über alles

Ein „Skoal" auf den Fußball

Keine Sorge Kinder, wir werden erfolgreich sein

TRINIDAD & TOBAGO 0 : 0 SCHWEDEN

Vorrunde, 10. Juni 2006

Weit in die Zukunft des Turniers konnten die Stuttgarter Fußballfans blicken, als sie auf dem Schlossplatz die Außenseiter von Trinidad & Tobago gegen die hoch favorisierten Schweden bejubelten. Denn sollte die deutsche Mannschaft das Achtelfinale erreichen, würden sie womöglich auf die Schweden treffen. Die taten sich bei ihrem ersten Auftritt in Dortmund gegen den kleinsten WM-Teilnehmer so schwer, dass diese Begegnung zur ersten großen Überraschung des Turniers geworden ist. Und das, obwohl die lächelnd angetretenen „Soca-Warriors" aus der Karibik sich wegen eines Fouls die ganze zweite Halbzeit nur noch zu zehnt gegen die skandinavische Übermacht wehren konnten.
Besondere Verdienste erwarb sich dabei der karibische Torhüter Hislop, der auch die schwedischen Fans auf dem Schlossplatz beinahe zur Verzweiflung brachte. Und einmal mussten sie gar um ihr Unentschieden zittern, als sich ein karibischer Stürmer durch einen furchtlosen Zweikampf den Ball eroberte und einsam und alleine durch die freie schwedische Hälfte stürmte. Doch sein beeindruckend kraftvoller Schuss sprang von der Latte zurück. So sehr die Schweden auch den Druck erhöhten, blieb am Ende doch nur dieses Unentschieden. Und herzlich ausgelassene „Soca"-Musik auf dem Schlossplatz, wie diese typische Mischung aus Soul und Calypso heißt.

ARGENTINIEN 2 : 1 ELFENBEINKÜSTE

Vorrunde, 10. Juni 2006

Wer es unter den argentinischen Fans etwas ruhiger und doch mit Großstadtflair im Grünen haben wollte, schaute sich den Auftakt seiner Mannschaft gegen die gefürchtete afrikanische Überraschungself nicht auf dem Schlossplatz, sondern unter dem Zeltdach des Landespavillons im Schlossgarten an. Von dort war es dann auch nicht weit zu einem der schönsten Biergärten der Stadt.

Die „Elefanten" genannten Ivorer nahmen zwar erstmals an einer Weltmeisterschaft teil, waren aber zuvor afrikanischer Vizemeister geworden. Um so rasanter begannen die Favoriten unter den Augen der „Hand Gottes" ihr Spiel. Dass sie noch in der ersten Hälfte bereits mit zwei Toren führten, verdankten sie der Übersicht ihres hervorragenden Juan Riquelme. In der zweiten Hälfte zeigten die Ivorer der ganzen Welt, dass sie ihren Kosenamen nicht zu Unrecht tragen. Das meinten auch ihre Anhänger auf dem Schlossplatz, die zusammen mit den einheimischen und den angereisten Afrikanern aller Länder dieses Kontinents sowie den vielen Deutschen eine fröhliche Völkergemeinschaft bildeten. Jeder Vorstoß der tapferen „Elefanten" wurde begeistert umjubelt, und als gegen Ende der unermüdliche Drogba den hochverdienten Anschlusstreffer erzielte, geriet der Schlossplatz aus dem Häuschen. Getrommelt wurde und getanzt, gesungen und gesprungen bis in die späte Nacht.

SER. MONTENEGRO 0 : 1 NIEDERLANDE

Vorrunde, 11. Juni 2006

Heute gab es die größte Versammlung von Serben, die Stuttgart je erlebt hatte. Und kurios war der Auftritt ihrer Mannschaft schon. Die Elf des früheren Jugoslawien trat erst ab 2003 als Serbien & Montenegro in Erscheinung. Und nach der jüngsten Trennung beider Länder wird es mit dieser WM schon wieder vorbei sein. Das abwehrstarke Team musste gleich bei seinem ersten Spiel gegen die Oranjes eine Niederlage einstecken. Die mit vielen jungen Nachwuchsspielern runderneuerten „Oranjes" gingen schon in der ersten Viertelstunde in Führung. Trotz der stimmgewaltigen Unterstützung durch die zahlreichen Oranje-Fans blieb es bei diesem Treffer.

Seht her: Aus diesem Land sind wir angereist und wollen gewinnen

Kommt her, lasst euch umarmen

Fahne eingerollt, jetzt wird gefeiert

Ein Hoch auf das deutsche Bier

MEXIKO 3 : 1 IRAN

Vorrunde, 11. Juni 2006

Ebenfalls politisch interessant war dieses Spiel in Nürnberg, das in Stuttgart aber nicht aus diesen schwierigen Gründen, sondern wohl eher wegen der ausgelassenen Fiesta in der Cantina Mexicana beim schattigen Stadtgarten in Erinnerung bleiben wird. In diesem Eldorado für alle Liebhaber mittelamerikanischer Kultur gab es eine Freiluftübertragung in herrlich grüner Umgebung. Die Stimmung war entsprechend entspannt und heiter, auch wenn die Mexikaner mehr als eine Viertelstunde brauchten, ihre Nervosität bei diesem Auftaktspiel zu überwinden.
Das machten ihnen die Iraner aber nicht leicht. Sie begannen äußerst abgeklärt und hätten bereits schon nach zehn Minuten in Führung gehen können, wenn das nicht der hervorragende mexikanische Torhüter Sanchez durch eine großartig akrobatische Parade verhindert hätte. Doch langsam fanden die Mexikaner zu sich selbst, so dass nach einer halben Stunde das Führungstor erzielt war. Und völlig unerwartet durfte das Häuflein Iraner auf dem Schlossplatz seine Löwenflaggen jubelnd schwenken, als ihrer Mannschaft der Ausgleich gelang. Auch wenn sie tapfer weiterkämpften, wurden sie doch immer müder, bis es den konditionell und besonders technisch überlegenen Mexikanern gegen Ende gelang, zwei weitere Treffer zu erzielen. Dann ging die Fiesta in der Cantina erst richtig los.

ANGOLA 0 : 1 PORTUGAL

Vorrunde, 11. Juni 2006

Lautstark feierten die zahlreichen Stuttgarter Portugiesen samt ihren angereisten Landsleuten auf dem Schlossplatz den ersten Auftritt ihrer favorisierten Mannschaft. Sie hegten große Hoffnungen, nachdem es die Portugiesen vor zwei Jahren im eigenen Land zum Vize-Europameister gebracht hatten. Und natürlich hier in Stuttgart auch besonders stolz auf ihren eleganten Verteidiger Fernando Meira waren. Sonst spielt der nämlich für den VfB.

Die Portugiesen begannen furios. Nur ein paar Sekunden nach dem Anpfiff verfehlte ihr erster Schuss das Tor der Angolaner nur um Haaresbreite. Kaum hatten die sich davon erholt, erzielten die Portugiesen ihr Tor. Es folgten mehrere Versuche, die Führung zu erhöhen. Zweimal gingen ihre Bälle an die Latte, ein paar Mal knapp an den Pfosten vorbei. Die Afrikaner auf dem Schlossplatz ließen sich von ihrem Rückstand nicht erschüttern. Man feierte die Pause durch und durfte in der zweiten Halbzeit erleben, dass die Angolaner immer stärker wurden. Und je länger es den Portugiesen nicht gelang, ihre Führung auszubauen, desto stärker wuchs die Kampfeslust der Angolaner. Zwar erzielten sie kein Tor, aber sie verdienten sich Respekt für ihre Kraft, dem Favoriten so getrotzt zu haben. So feierten die Afrikaner auf dem Schlossplatz ihre knappe Niederlage wie einen hohen Sieg.

AUSTRALIEN 3 : 1 JAPAN

Vorrunde, 12. Juni 2006

Unter den Stuttgarter Fußballfreunden aus dem Land der aufgehenden Sonne gab es auch einige Studenten, die bei dem „deutsch-japanischen Innovations-Symposion zur Zusammenarbeit bei der Förderung von Schlüsseltechnologien" mitgewirkt hatten. Das im März von einer großen Delegation unter Beteiligung der Wirtschaftsförderung Region Stuttgart (WRS) besucht worden war. Nun traf man auf dem Schlossplatz weitere Studenten aus ihrem Heimatland, die hier schon länger lebten. Groß war dann die gemeinsame Freude, als die Japaner mitten im Angriffssturm der Australier ganz unerwartet ihr Führungstor erzielten. Nun hatten die „socceroos" ihre Mühe, diesen Rückstand bis zur Halbzeit nicht noch größer werden zu lassen. Davon unberührt war eine Gruppe junger Australier, deren Maskottchen auf dem Schlossplatz sehr bewundert wurde. Nach der Pause machten die Japaner bei dieser Hitzeschlacht in Kaiserslautern ihren Strafraum dicht. Die „Samurais" zauberten als Abwehrkünstler, und als sich ihr Tormann Kawaguchi einmal nicht auf seine Hintermannschaft verlassen konnte, rettete er mit einer Glanzparade die japanische Führung. Nun drängten die Australier mächtig vor, so dass sie in der 85. Minute ihren Anschlusstreffer erzielten, dem gleich danach die Führung folgte. Und in der Nachspielzeit gelang das 3:1. Das Kämpfen hatte sich gelohnt.

USA 0 : 3 TSCHECHISCHE REPUBLIK

Vorrunde, 12. Juni 2006

Das amerikanische Trio auf unserem Bild hatte es nicht faustdick, sondern pfiffig hinter den Ohren. Denn auf die Frage nach ihren Hemden erklärten sie uns: Wir sind aus Kaiserslautern angereist. So verbinden wir das am heutigen frühen Abend in Gelsenkirchen stattfindende Auftaktspiel unserer „soccers" gegen Tschechien sowohl mit dem heute erst um 21 Uhr in Hannover steigenden Spiel der Italiener gegen Ghana als auch mit der in einer Woche fälligen Begegnung zwischen Italien und uns in Kaiserslautern. Deshalb tragen wir schon jetzt diese Hemden! Da kann man nur noch sagen: In solcher Umsicht wurde einst der Westen besiedelt!

Als sie dann auf dem Großbildschirm bereits nach fünf Minuten ein Kopfballtor des Tschechen Koller ansehen mussten, machte ihnen das gar nichts aus. Auch das zweite Tor der Tschechen konnte sie nicht betrüben. Ihre Genugtuung darüber, dass Jan Koller kurz vor der Pause wegen einer Verletzung vom Platz gehen musste, wollten sie aber auch nicht verhehlen. Und dass ihrem Team nach der Pause einige gefällige Mittelfeldkombinationen gelangen, riss sie zu Begeisterungsstürmen hin. Dann schossen die Tschechen ihr drittes Tor. Da stöhnten sie dann doch ein wenig. Um gleich nach dem Schlußpfiff mit einigen deutschen Fußballfreunden ausgiebig zu feiern. So sind sie eben, die Nachfahren der einstigen Planwagenfahrer.

ITALIEN 2 : 0 GHANA

Vorrunde, 12. Juni 2006

Nachdem die Italiener mit ihrem neuen Angriffsstil die Deutschen in einem Freundschaftsspiel vor kurzem gründlich blamiert hatten, war das Selbstbewusstsein der Stuttgarter Tifosi vor dem ersten Auftritt ihrer „squadra azzurra" gegen Ghana in Hannover sehr groß. Schon am Nachmittag sah man die „forza ragazzi" durch Stuttgart ziehen, am Abend wogte es dann auf dem Schlossplatz blau. Und als dann gegen Ende das zweite Tor geschossen war, wurden nicht nur Fahnen, sondern auch blaubefrackte Kinder jubelnd in die Höhe gerissen. Nun kam es zum Autokorso. Und der legte die Innenstadt völlig lahm.

Hat unser Land nicht wunderschöne Farben?

So sehen fröhliche Verlierer aus

Fürs Familienalbum

Jetzt hört mir endlich mal zu

REPUBLIK KOREA 2 : 1 TOGO

Vorrunde, 13. Juni 2006

Heute bestritt auch die von manchen Kennern als Geheimtipp betrachtete Republik Südkorea in Frankfurt ihr erstes Spiel gegen die Außenseiter aus Togo. Diese versetzten ihre Landsleute und andere Afrikaner auf dem Schlossplatz in helle Begeisterung, indem sie nach einer halben Stunde inmitten mehrerer südkoreanischer Angriffswellen konterten und mit einem satten Schuss in Führung gingen. So ging es in die Pause, die auf dem Schlossplatz den vereinigten Stuttgarter Afrikanern gehörte. Doch dann kam die Stunde der Südkoreaner. Lee Chun Soo verwandelte einen Freistoß mit viel Effet. Diesen Ausgleich feierte eine Gruppe südkoreanischer Studentinnen von der hiesigen Universität mit wilden Tänzen und Gesängen, bei denen sie ihre selbst gebastelten Papphüte und Papierdrachen in Landesfarben schwenkten. Nachdem die Roten Teufel zusehends gefährlicher wurden und schließlich auch verdient in Führung gingen, schlossen sich den Tänzerinnen auch ein paar der entzückenden Nachwuchsteufel an, von denen einer abgebildet ist. Auch wenn die Afrikaner bis zum Schlusspfiff wahrlich heldenhaft kämpften, konnten sie doch keinen Ausgleichstreffer mehr erzielen. Und als Balsam gerade für empfindliche Stuttgarter Seelen konnte man beobachten, dass manche südkoreanische Fans (nicht nur ihre) Abfälle auf dem Schlossplatz in Plastiksäcken sammelten.

BRASILIEN 1 : 0 KROATIEN

Vorrunde, 13. Juni 2006

Der Verlauf dieser mit großer Spannung erwarteten Begegnung im Berliner Olympiastadion war gar nicht weltmeisterlich. Vielmehr geriet den Brasilianern ihr Auftaktspiel beinahe zum Debakel. Zwar begannen sie mit ihrer bekannten Ballsicherheit und zeigten auch ein paar hübsche kleine Zauberstückchen, doch die Kroaten versteckten sich nicht nur, sondern verpassten auch nach einigen gefährlichen Angriffen ihre Führung nur um Haaresbreite. In die Pause gingen die Brasilianer dann doch mit einem kurz zuvor erzielten Tor. Zwar konnte man in der zweiten Hälfte einige hinreißende Tempoverschärfungen der Brasilianer genießen, aber die Kroaten erkämpften sich mehrere „hundertprozentige" Chancen. Dementsprechend steigerten sich die Ovationen der kroatischen Fans auf dem Schlossplatz zu einem ohrenbetäubenden Lärm. Die Schlussphase brachte beinahe den Ausgleich. Dann hätte es wahrscheinlich kein Halten mehr gegeben unter den zahlreichen Kroaten, die zu einer der größten Gemeinden außerhalb Kroatiens aus ganz Süddeutschland angereist waren und die Innenstadt mit ihren rot-weißen Schachbrettmustern eingefärbt hatten. Wo sich ja bereits schon über 40.000 Schweizer und Franzosen eingefunden hatten. Und dazu kam dann noch das ausgelassene Trommeln, das Singen und Tanzen der siegreichen Brasilianer, es war eine heftige Nacht.

FRANKREICH 0 : 0 SCHWEIZ

Pressekonferenz der Stadt Stuttgart im Rathaus

Vorrunde, 13. Juni 2006

„Bienvenue à Stuttgart" und „Grüezi in Stuttgart". So prangte es von der Wand im Großen Sitzungssaal des Rathauses, wohin der Oberbürgermeister Dr. Wolfgang Schuster zur Pressekonferenz geladen hatte. Humorig meinte der französische Generalkonsul in Stuttgart, Dr. Henry Reynaud: „In der Regel spielen wir gegen die Schweiz unentschieden. Beim letzten Mal waren die Eidgenossen so freundlich, beim 1:1 alle Tore zu schießen. Das können sie auch hier in Stuttgart gerne tun." Diplomatisch antwortete ihm sein Schweizer Kollege, dass er das Remis-Angebot nicht ausschlagen würde. Er wies auch darauf hin, dass der erste Gegner der deutschen Nationalmannschaft nach dem Kriege die Schweiz gewesen sei und im damaligen Neckarstadion mit 1:0 gewonnen habe.

Klaus Lindemann, der Geschäftsführer der Stuttgart-Marketing GmbH, sagte, dass er rund 50.000 Gäste aus den Nachbarländern erwarte. Zu Sicherheitsfragen äußerte sich Stuttgarts Polizeipräsident Siegfried Stumpf: „Wir erleben eine friedliche Invasion. Nur 150 Franzosen und 250 Schweizer gelten als auffällig. Die fröhliche Stimmung in Stuttgart bietet keinen Nährboden für Konflikte. Die Polizei sei mit bis zu 1.600 Beamten im Einsatz, hinzu kämen französische und Schweizer Kräfte in Uniform. Beim Verkehr werde es Störungen geben. Aber die Probleme sind beherrschbar".

OB Schuster begrüßt seine Gäste

Ein Blick in die erste Pressekonferenz im Großen Saal des Rathauses

Die WM-Macher hören gespannt zu

Dr. Reynaud, Dr. Schuster, Dr. Eisenmann, Herr Renggli, Dr. Schairer

OFFIZIELLER EMPFANG IM BADEN-WÜRTTEMBERG-HAUS

Geladen von DaimlerChrysler und dem Land Baden-Württemberg

Für diese Weltmeisterschaft hatten die DaimlerChrysler AG und das Land Baden-Württemberg vereinbart, dass das Land in der neuen Mercedes-Benz Welt neben dem neuen Mercedes-Benz Museum sein „Baden-Württemberg-Haus" einrichtet und dort gemeinsam mit der DaimlerChrysler AG Gäste aus aller Welt empfängt. An den sechs Stuttgarter Spieltagen wurden jeweils rund 400 geladene Gäste aus Politik, Wirtschaft, Gesellschaft und Sport von baden-württembergischen Spitzenköchen verwöhnt und mit einem Kulturprogramm unterhalten.

Zum ersten Empfang begrüßten der Ministerpräsident von Baden-Württemberg, Günther H. Oettinger, und Dr. Klaus Maier, Vertriebschef der Mercedes Car Group, den Ministerpräsidenten von Frankreich, Dominique de Villepin, und Dr. Claude Janiak, den Präsidenten des Schweizer Nationalrats, sowie den FIFA-Präsidenten Joseph Blatter und zahlreiche andere prominente Gäste aus dem In- und Ausland. Bewirtet hatte das Kulinaristik-Forum des Landes unter der Führung der Traube Tonbach und Victoria Weine aus Bad Mergentheim, mit dabei war Sterne-Koch Harald Wohlfahrt. Den Service besorgten die Schüler der Berufsakademie Ravensburg mit sehr viel Charme. Das Unterhaltungsprogramm gestalteten unter anderen die französischen Elastonauten mit ihren artistischen Schwebekünsten sowie die Alphorn-Virtuosin Eliana Burki aus der Schweiz. Besonderes Interesse fand natürlich eine kleine Rundfahrt unseres Ministerpräsidenten im ersten Automobil.

Das neue Mercedes-Benz Museum mit den Flaggen der ersten Spielpaarung

In der Mercedes-Benz Welt ist das Baden-Württemberg-Haus eingerichtet

Und „Grüezi mitenand"!

Günther H. Oettinger und Dominique de Villepin beim Eintrag ins Gästebuch

GOTTLIEB-DAIMLER-STADION STUTTGART

Frankreich : Schweiz

Die warme Abendsonne strahlte, das Stadion war gründlich vorgeglüht. Den Spielern war die Freude anzusehen. Besonders Thierry Henry, der sogar auch mal die Chöre seiner Leute dirigierte: „Allez les bleus"! So schwoll es aus der Cannstatter Kurve an, um aus Richtung Untertürkheim wiederzukehren als: „Adieu les bleus"! Da gab es sicher niemanden, der keine Gänsehaut bekam. Melodisch wogten die Gesänge hin und her, bis sich die Hänge regten und sich zu einer Riesenwelle einten, die unterm Zeltdach kreiste. La Ola tönte wie das Rollen runder Steine. Das war Begleitmusik für Zinedine Zidane. Wenn dieser Meister schönen Fußballs nur den Ball berührte, spannte sich die Wachsamkeit der 52.000 an. Und als ein langgezogener Freistoß eines Eidgenossen durch die Abwehr der Franzosen schlüpfte und nur den Pfosten traf, murrten dröhnend alle Schweizer gegen ihres Glückes Blindheit auf. Genauso dröhnend und von Pfiffen überhöht klang das Aufbegehren der Franzosen, als sie wenig später glaubten, dass ihnen ein Handelfmeter vorenthalten worden sei. Ob es an der Hitze lag, dass dieses Spiel nie so richtig in die hohen Gänge kommen wollte? Zwar gab es Höhepunkte, auch blitzte schon mal die weltbekannte Klasse der altgedienten Könner auf, besonders die von Zinedine Zidane, doch langsam häuften sich die wütenden Pfiffe. Die Franzosen spielten unter ihrem Niveau, des öfteren geradezu pomadig. Und die Schweizer wirkten technisch unbedarft. Dass letztlich keine Tore fielen, ermüdete bei großen Teilen des Publikums die Lust an diesem Spiel. So dass am Ende eben „Deutschland-Deutschland" Rufe erklangen.

Der Ablauf vor jedem Spiel: zuerst werden die Fahnen hereingetragen...

...dann laufen die Mannschaften ein

Die beiden Nationalhymnen werden abgespielt

Trotz guter Strafraumszenen fällt kein Tor

Noch nie gab es bei einer WM so viele Gelbe und Rote Karten

Schlimme Verletzungen bleiben während des Turniers zum Glück die Ausnahme

HOPP SCHWIIZ

WIR SIND

FRANKREICH 0 : 0 SCHWEIZ

Vorrunde, 13. Juni 2006

Die Kuhglocke darf leider nicht mit ins Stadion

40.000 Fußballfreunde aus unseren beiden Nachbarländern waren schon seit dem Morgen in die Innenstadt gekommen, die wegen der zahlreichen Stände fliegender Fußball-Nippes-Händler, der Marktplatz Action-Area beim Rathaus und der Seebühne im Schlossgarten an das Treiben einer mittelalterlichen Stadt bei einem Ritterturnier anlässlich einer Kaiserkrönung denken ließ. Und ab dem Nachmittag herrschte auf dem Schlossplatz Hochbetrieb. Noch während der Übertragung des Spieles Südkorea-Togo fanden sich die Fans aus beiden Nachbarländern und Deutsche auf dem Schlossplatz ein, wobei sich die Schweizer als die zahlenmäßig weit überlegene Gruppe um die große Bühne versammelten. Das friedliche Blau-Weiß-Rot und das weiße Kreuz auf rotem Grund, vermischt mit Schwarz-Rot-Gold, gab Polizisten aus drei Ländern Gelegenheit, sich zu Erinnerungsfotos zu postieren. Auch die Wechselgesänge von „Allez les bleus" und „Adieu les bleus" waren zu hören. Nur das Spiel riss nicht gerade zu Begeisterungsstürmen hin. Dafür bereicherten mit der Zeit die Farben und die Temperamente der hinzukommenden kroatischen und brasilianischen Fans des Abendspiels das Geschehen, aus dem sich schließlich eine fröhlich überschäumende Sommernacht entwickelte.

So sieht eine echte Fanbrille aus

„Hopp Schwiiz!"

Allez les bleus

„Vive la France"

Völker, hört die Signale!

BECK'S
SUISSE

EIN ALMRAUSCH IN STUTTGART

Während der Weltmeisterschaft scheint in Stuttgart nichts mehr unmöglich zu sein: Am Plieninger Ortsausgang wächst Jürgen Klinsmann als zweieinhalb Meter hoher Pappkamerad aus einem Nelkenfeld. In Freundeskreisen werden kurz vor dem ersten Anpfiff Wetten auf den künftigen Weltmeister abgeschlossen. Die ganze Stadt sieht aus, als bereite sie sich auf einen Staatsbesuch vor. Wer durch Stuttgart fährt, der entdeckt kaum mehr einen Straßenzug, in dem nicht schwarz-rot-goldene Flaggen aus den Fenstern hängen.
Und eine Meile entwickelt sich zum Stuttgarter „Fandorado" – die Gablenberger Hauptstraße. Hier lässt der örtliche Gewerbe- und Handelsverein die Puppen tanzen: Über dem Gasthaus Hasen lümmelt eine lebensgroße Puppe im mexikanischen Nationaltrikot, die Gärtnerei Kramer hat einen deutschen „Mitspieler" verpflichtet und in der Bäckerei trägt das Dekogeschöpf ein tschechisches Leibchen. Auch in der Innenstadt sind die Vorboten des Großereignisses unübersehbar. Auf der Königstraße hängen Fußbälle wie Christbaumkugeln in den Bäumen. Die ganze Stadt vibriert vor Vorfreude auf die Weltmeisterschaft – Stuttgart ist schon völlig Ballaballa.
Dann endlich steigt das erste Spiel in Stuttgart: Mehr als 30.000 Schweizer und 20.000 Franzosen kommen am 13. Juni zum Spiel ihrer Mannschaft mit Autos, Bussen oder mit dem Flugzeug in die Stadt. Vor allem die Eidgenossen fiebern dem Auftritt ihrer Mannschaft im Gottlieb-Daimler-Stadion entgegen. Im Morgengrauen fährt in Luzern ein Sonderzug mit 600 Fans los. Sein Ziel: der Stuttgarter Hauptbahnhof.

Unterwegs im Partyzug

Kurz nach 11 Uhr schüttelt bei Schaffhausen ein Beben den Sonderzug durch. In letzter Sekunde gelingt es dem Kellner, seinen Imbisswagen aus der Gefahrenzone zu schieben. Die Coladosen, das Bier und die Käsebrötchen wackeln noch immer bedenklich. Der Mann flüchtet in das angrenzende Abteil, doch auch dort beginnt der Zugboden zu vibrieren. „Erbarmen", sagt der Mann mehr zu sich selbst, „die Schweizer kommen". Um ihn herum tanzen sich frenetische Fans der Eidgenossen für die erste große WM-Sause in Stuttgart warm. Lukas, Jonas und Tamara sind mitten unter ihnen – am Morgen sind die drei jungen Schweizer aus der Nähe von Solothurn um halb sieben aufgestanden. Sechs Stunden Zugfahrt lagen da vor ihnen und die Aussicht „auf die größte Party während dieser Weltmeisterschaft – wir feiern, bis wir nicht mehr stehen können". Noch dreieinhalb Stunden bis Stuttgart.
An diesem Hochsommertag macht die Schweiz mobil. In Bern, in Zürich, in Luzern und in anderen Städten setzt sich eine Karawane in Rot und Weiß in Bewegung. Rund 500 Busse rollen zum Spiel der Schweizer „Nati" gegen die Franzosen. Am Grenzübergang werden wesentlich mehr Autos und Wohnwagen nach Deutschland durchgewunken als an gewöhnlichen Tagen. Die größte Boulevardzeitung des Landes meldet mit Blick auf die friedliche Invasion, die Stuttgart bevorsteht: „Spätzle-Metropole fest in Schweizer Hand". In den Tagen vor dem Spiel hat die WM-Euphorie Wellen geschlagen. Bei jedem Sieg der Mannschaft starten Rabattaktionen: Ein Hotel bietet seinen Gästen in diesem Fall „das Seitensprungzimmer (sechs Stunden) für 35 statt für 70 Franken" an.
Die WM bewegt. Und im Sonderzug beginnt das nächste Beben. Die Fans stimmen ihre aktuellen WM-Hits an. Die klare Nummer eins: „Zidane hat 'ne Glatze, Zidane hat 'ne Glatze!". Auf Platz zwei folgt ein etwas längerer Chorgesang: „Wenn mir ensi Fahne schwinge, weiß jo jede Vollidiot - Rot und Weiß, bis zum Tod". In der Runde kreist der Zaubertrank der Schweizer Fans: Himwo - eine pappige Mischung aus Himbeersirup und Wodka. Der Himwo hilft jedem im Zug, seine Rolle zu finden: Tamara, die Fingernägel rot-weiß lackiert, blonde Haare, kurze Hose, fährt in der Männergesellschaft „als Maskottchen mit". Jonas, der sein Fanshirt anhebt, unter dem ein bleicher Bauch wabbelt, gibt den Chefunterhalter: „Das ist ein Schweizer Bauch, gewachsen dank viel Fondue und Feldschlössli-Bier". Noch knapp zwei Stunden bis Stuttgart.
Nur die wenigsten, die im Sonderzug unterwegs sind, besitzen Karten für das Spiel. Auch Tamara, Lukas und Jonas wollen nachher mit ihren Landsleuten auf dem Schlossplatz feiern. Und dann soll die Party die ganze Nacht dauern – sie muss es sogar. Die drei haben erst für den Mittwochmorgen ein Rückfahrticket bekommen und kein Hotelzimmer gebucht. „Wir brauchen keine Schlafsäcke, heute isch Freinacht", sagt Tamara nur. Freinacht, die Nacht, in der für die drei Freunde keine Sperrstunde gilt. Lukas genehmigt sich einen weiteren Schluck Himwo. Seine Zuversicht wächst dabei mit dem Promillepegel: „Wir kommen diesmal ins Viertelfinale – oder noch weiter".
Kurz vor Tuttlingen steht die Luft im Sonderzug. Im Abteil der jungen Schweizer wird für die Anhänger der Eidgenossen Schnupftabak herumgereicht. Und die Fans umhüllt ein WM-Parfum mit einer besonderen Note: Es riecht nach Schweiß, Bier und eben ausgezogenen Turnschuhen. Lukas bemerkt davon kaum mehr etwas. Auf seinen Wangen verläuft das weiße Kreuz auf rotem Grund zu einem impressionistischen Farbklecks. Der 20-jährige hat am Morgen – als er noch nüchtern war – alles dafür getan, dass er unter den mehr als 600 Fahrgästen im Sonderzug auffällt. Die Haare hat er rot, das Ziegenbärtchen an seinem Kinn weiß gefärbt. Und gleich, wenn der Zug endlich in den Hauptbahnhof einrollt, will er noch „meine Geheimwaffe aus der Gepäckablage holen". Nur noch wenige Minuten bis Stuttgart.
Im Fanzug erreicht die Stimmung nach sechs Stunden einen finalreifen Höhepunkt. Die Schweizer Fans bejubeln alles, was sich bewegt: Den Kellner, der seinen inzwischen leeren Wagen an ihnen vorbeischiebt, den Schaffner und auch die deutschen Polizisten, die den Sonderzug begleitet haben. Dann hält der Zug in Stuttgart und Lukas wuchtet aus der Gepäckaufbewahrung eine gewaltige Kuhglocke heraus. Als sich die Türen öffnen, hallt ein vielstimmiger Schrei durch die Bahnhofshalle: „Hopp Schwiiz!". Lukas reiht sich in die Menge der Fans ein, die mit ihren Glocken läuten. Hunderte von Schwaben strömen an den Bahnhof, um die Schweizer gebührend zu empfangen. An diesem Tag ist die Weltmeisterschaft in Stuttgart angekommen – und sie beginnt mit einem kräftigen Almrausch.

SPANIEN 4 : 0 UKRAINE

Vorrunde, 14. Juni 2006

Schade, dass es ein Nachmittagsspiel war! Denn so konnten naturgemäß nur wenige der einheimischen Spanier mit ihren angereisten Landsleuten auf dem Schlossplatz miterleben, wie ihre Mannschaft ihr Auftaktspiel in Leipzig meisterte. Nämlich rapidissimo. Mit dem Anpfiff begann ein nahezu ununterbrochener Sturmlauf, der in der 13. Minute die Führung erbrachte. Vier Minuten später erfolgte das zweite Tor. Dass es die Ukrainer in diesem Turnier noch bis zum Viertelfinale bringen würden, hatte man bei diesem Spiel nicht ahnen können. Die beiden anderen Tore fielen in der zweiten Hälfte. Viva españa. Schade, dass es kein Abendspiel war.

TUNESIEN 2 : 2 SAUDI-ARABIEN

Vorrunde, 14. Juni 2006

Sozusagen als Vorhut einer in naher Zukunft noch wesentlich größeren Anzahl von Tunesiern konnte man die starke Schar der Fans aus Nordafrika auf dem Schlossplatz bezeichnen, die am frühen Abend das Münchener Auftaktspiel ihres Teams gegen Saudi-Arabien verfolgten. Es war ein ausgeglichenes, spannendes Spiel, bei dem die Stärke der Beduinensöhne überraschte. Besonders wurde Sami Al Jaber gefeiert, der kurz vor Schluss noch eingewechselt wurde und mit seiner ersten Ballberührung prompt den Ausgleich erzielte. Die meisten Fußballfreunde auf dem Schlossplatz waren Deutsche, die es sich schon für das Spiel gegen Polen gemütlich gemacht hatten.

DEUTSCHLAND 1 : 0 POLEN

Vorrunde, 14. Juni 2006

Heute zog es 70.000 Menschen in die Innenstadt, davon alleine 40.000 auf den Schlossplatz. Hinter solchen nackten Zahlen stehen Emotionen, wie man sie vor kurzem wohl noch kaum für möglich gehalten hatte. Gewaltiger als der gemeinsame Gesang des Deutschlandlieds hätte ein Rock-Konzert auch nicht klingen können. Das steigerte sich aber noch nach dem Anpfiff. Nun begann ein Spiel, das um so dramatischer wurde, je länger die zahlreichen Angriffe der Deutschen erfolglos blieben. Zwar kamen die Polen durchaus auch über ihre eigene Hälfte hinaus, aber als Ganzes betrachtet war dieses Spiel ein einziger Sturmlauf der deutschen Mannschaft. Noch nie hatte man die „Klinsmänner" so kämpfen gesehen. Doch trotz bester Chancen gelang der deutschen Elf kein Tor. Nicht mehr zu überbieten war die Dramatik, als der Ball in der 90. Minute zweimal gegen die polnische Latte knallte. Aber dieser zutiefst frustrierende Moment wurde zu einer Sternstunde deutschen Kampfgeistes: In der ersten Minute der Nachspielzeit wirbelte der eingewechselte Edeljoker David Odonkor an der Außenlinie voran und servierte dem innen mitgelaufenen Oliver Neuville eine maßgenaue Flanke, die dieser nur noch einzugrätschen brauchte. Nach Messungen seriöser Fachleute war der dann aufbrausende Jubel heftiger als das Geräusch eines startenden Düsenflugzeugs. In dieser Sekunde befreiten sich auch die lange aufgestauten Gefühle Jürgen Klinsmanns, den wir im Ländle ja schon immer mochten. Weshalb der nun ausgebrochene Freudentaumel auch als eine Feier des einstigen Bäckerlehrlings aus Botnang zu verstehen war.

Wir gewinnen mit zwei Toren Unterschied

Oje, immer noch 0:0

Unsere Jungs sind im Getümmel und wir feiern hier

Jetzt geht die Party los

Der Schlossplatz steht „Kopf"

Wir fahren nach Berlin!

Erinnerungen per MMS

FAN FEST STUTTGART
DEUTSCHLAND

Ein endloser Autokorso bringt den Verkehr zum Erliegen

Wir machen die Nacht zum Tage

Zu Fuß oder im Auto: Hauptsache feiern

Das Himmelszelt ist Schwarz-Rot-Gold

Das Auto wird zur deutschen Festung

Ein neues Hobby in Deutschland: Fahnenschwenken

ECUADOR 3 : 0 COSTA RICA

Vorrunde, 15. Juni 2006

Wenn man ein Vöglein wär ... dann hätte man um die Concordia auf der Jubiläumssäule im Zentrum des Schlossplatzes fliegen und ihr Lächeln sehen können, das sich während der vergangenen Nacht des Polen-Spieles auf wunderbare Weise in ihr Bronzeantlitz eingeprägt hatte. Mit diesem Lächeln segnete sie die Fußballfreunde aus Mittel- und Südamerika, die unter ihren Flügeln die ungleiche Paarung verfolgten. Die souveränen Ecuadorianer erspielten sich in Hamburg ihren Gruppensieg. Mit diesem Einzug in das Achtelfinale hatte die bis dahin kaum bekannte Mannschaft Fußballgeschichte geschrieben, während Costa Rica nun abreisen musste.

ENGLAND 2 : 0 TRINIDAD & TOBAGO

Vorrunde, 15. Juni 2006

Auch wenn Concordia das Lächeln wegen einiger weniger, überwiegend englischer, aber eben auch deutscher Fans im Laufe des Turniers beinahe noch vergehen wollte – einige Tage später, als es beim hiesigen Achtelfinale der Engländer zu Handgreiflichkeiten am Königsbau gekommen war – heute blieb sie gänzlich unbekümmert. Sie bewunderte die phantasievollen Kostüme der Briten, die bei dieser Begegnung bereits im Achtelfinale standen. Dennoch mussten die englischen Fans unter der Concordia nicht nur sehr lange auf ein Tor ihrer Mannschaft warten, sondern auch noch fürchten, dass es Leo Beenhakkers Mannen gelingen könnte, ein zweites Mal in diesem Turnier für eine große Überraschung zu sorgen. Denn es war den Außenseitern von den beiden Inseln ja bereits in Dortmund schon gelungen, den Schweden ein torloses Unentschieden abzutrotzen. Und es wäre jetzt ein knapper Sieg der Trinis nicht unverdient gewesen, als Crouch schon gegen Ende der Partie eine Flanke von Beckham zum Führungstor verwandelte. Auf dem Schlossplatz wagte man es wieder, durchzuatmen. Und jubelte hell auf, als in der Nachspielzeit der Ball zum zweiten Mal ins Netz der Trinis fand. Die dann eine Minute später doch noch ihr Tor erzielten, das aber wegen Abseits nicht anerkannt wurde. Nicht einen Punkt gewann Trinidad & Tobago bei diesem Spiel, wohl aber größten Respekt.

SCHWEDEN 1 : 0 PARAGUAY

Vorrunde, 15. Juni 2006

Bei Concordias drittem Spiel an diesem Tage ging es für die Schweden um alles oder nichts. Denn nach dem torlosen Unentschieden in der Auftaktbegegnung gegen Trinidad & Tobago war es den Kickern aus dem Norden klar, dass sie nun dieses Spiel auf keinen Fall verlieren durften. Deshalb stürmten sie von der ersten bis zur letzten Minute. In dieser fiel ihr Tor. Da wir die geneigte Leserin oder den uns wohlgesonnenen Leser nicht mit einer langen Nacherzählung dieser nur bedingt hinreißenden Begegnung ermüden wollen, beschäftigen wir uns einfach ein wenig mit der Jubiläumssäule, die wohl jeden auswärtigen WM-Besucher auf den ersten Blick erstaunt haben dürfte. Und vielleicht manchem Einheimischen schon gar nicht mehr auffällt. Die 30 Meter hohe Granitsäule widmete die Ständeversammlung Württembergs ihrem König Wilhelm I. zu dessen 25-jährigem Thronjubiläum. An den Ecken des Unterbaus befinden sich allegorische Darstellungen der Stände Kunst und Wissenschaft, Handel und Gewerbe, Landwirtschaft sowie Wehrstand. Die in der Einleitung zu diesem Kapitel bereits erwähnte, 5 Meter hohe Concordia als Göttin der Eintracht oder Einigkeit hatte der König selbst in Auftrag gegeben. Auf seinen besonderen Wunsch blickt sie nicht auf das Schloss, sondern auf die Stadt. Und lächelt neuerdings. Vielleicht so wie die Schwedin auf diesem Bild?

ARGENTINIEN 6 : 0 SER. MONTENEGRO

Vorrunde, 16. Juni 2006

Wie einzelne hellblaue Wölkchen an einem glutvoll orangefarbenen Abendhimmel schimmerten auf dem Schlossplatz ein paar Grüppchen argentinischer Flaggen aus dem Fahnenmeer der Oranjes, die noch am selben Abend im Gottlieb-Daimler-Stadion gegen die Elfenbeinküste spielen sollten. Eine größere Gruppe von Argentiniern fand sich heute wie üblich im Landespavillon ein. Und ein wenig ratlose Fans von Serbien & Montenegro waren am Rande des Schlossplatzes auch zu entdecken. Ihre Spieler waren einfach viel zu schwach für diese Gruppe C. So war es auch keine Schande, dass sie nun so hoch verloren. Von nun an galten die Gauchos als der große Favorit.

MEXIKO 0 : 0 ANGOLA

Vorrunde, 16. Juni 2006

Es war nicht ganz einfach für die Fans von Mexiko. Das lag zwar auch an den vielen Oranjes, die noch immer auf dem Schlossplatz feierten und offenbar über unverwüstliche Stimmbänder verfügten, aber in der Hauptsache war es doch ihre Mannschaft, die keine Freude bei ihnen aufkommen ließ. Indes die Angolaner und andere Gäste aus Afrika mitsamt der heimischen Gemeinde Grund zum Jubeln hatten. Der lag alleine darin, tapfer gegen den Favoriten gekämpft, ein paar Chancen gehabt und vor allem selbst kein Treffer abbekommen zu haben. So blieb den Mexikanern nur die Hoffnung auf ihr nächstes Spiel.

Hoffen auf das goldene Tor

Ja, wir werden gewinnen!

Abpfiff 0:0

Wir feiern auf jeden Fall

NIEDERLANDE 2 : 1 ELFENBEINKÜSTE

Vorrunde, 16. Juni 2006

Pressekonferenz der Stadt Stuttgart im Rathaus

Bei der Pressekonferenz vor diesem zweiten Stuttgart-Spiel hatte der Botschafter der Republik Elfenbeinküste, Herr Amin Florent Atse die Hoffnung ausgesprochen, dass die Kontakte, die man jetzt durch den Sport geknüpft habe, künftig erhalten bleiben mögen. Frau Ida Kassiekpo Schmidt, in Elfenbeinküste aufgewachsene Schauspielerin, sprach über die zu diesem Spiel geplante „Nacht der Elefanten" im Generationenhaus Heslach. Herr Tobias Rühman, Chief Representative vom Netherlands Business Support Office sprach über die Vertiefung bestehender Handelskontakte und das bevorstehende Fest der niederländischen Fußballfans auf dem Schlossplatz. Frau Dr. Susanne Eisenmann, Bürgermeisterin für Kultur, Bildung und Sport stellte Frau Marijke Otten und Frau Ida Kassiekpo Schmidt als Autorinnen des Buches „Wir sind Stuttgart" vor, und der Polizeipräsident freute sich auf die Zusammenarbeit mit seinen aus den Niederlanden angereisten uniformierten Kollegen.

SPIEL IN STUTTGART

OFFIZIELLER EMPFANG IM BADEN-WÜRTTEMBERG-HAUS

Geladen von DaimlerChrysler und dem Land Baden-Württemberg

Ursula Hoffmann (SWR), Gerhard Mayer-Vorfelder (DFB), Dr. Rüdiger Grube (DaimlerChrysler), Joseph Blatter (FIFA), Günther H. Oettinger und OB Dr. Wolfgang Schuster

Joseph Blatter (Präsident FIFA) wird interviewt

Es gibt nur einen, der vor großem Publikum zum Vergnügen seiner Landsleute mit den Feinheiten unserer Heimatsprache kokettieren darf. Weil er es kann. Als Junge war er oft von Nürtingen gekommen, um im Neckarstadion Fußballspiele anzuschauen – an diesem Tag war er Ehrengast im Gottlieb-Daimler-Stadion. Gleich unten sehen wir ihn abgebildet, wie er einer Dame etwas aufschreibt. Ist es vielleicht die Variante eines sehr bekannten Werbespruches: „Wir können alles, sogar Hochdeutsch"? Später sah man Harald Schmidt mit Tobias Rühman, der sich im Rathaus bereits über „bestehende Handelskontakte" geäußert hatte. Hier können wir ausführlicher zitieren, was er damit alles gemeint hatte: Nämlich auch, dass sich die holländische Monarchie auf ein Fundament aus dem Ländle stützen könne. Denn nachdem im 17. Jahrhundert das Amsterdamer Rathaus niedergebrannt war, seien 13.000 Stämme von hier rheinabwärts geflößt und für das Fundament eines neuen Gebäudes verwendet worden, das heute der Königinpalast ist. Und erneut muss man das Können der Ravensburger Hotelfachschüler bei diesem Empfang loben.

Harald Schmidt umringt von seinen Fans

Zwei Gäste aus der Republik Elfenbeinküste

Fritz Kuhn (MdB), Gerhard Mayer-Vorfelder und Jürgen Walter (MdL) mit Ilona Seitner

GOTTLIEB-DAIMLER-STADION STUTTGART

Niederlande : Elfenbeinküste

Wer das erste Spiel im Gottlieb-Daimler-Stadion erlebt hatte, wird jene Stunden gewiss als „sehr stimmungsvoll" in Erinnerung behalten. Um sich nun für die Stimmung dieser Begegnung ähnlich kurz auszudrücken, müsste man schon die Formulierung „hinreißend ekstatisch" verwenden. Denn was sich auf den vollbesetzten Rängen unter dem Zeltdach abgespielt hatte, war im echten Sinne des Wortes unerhört, war eine atemberaubende Gleichzeitigkeit dreier verschiedener akustischer Stürme, die sich in ihrer Vermischung zu einem Orkan von überwältigender Lautstärke übersteigerten. Der eine Sturm kam von den Oranjes, die sich in Überzahl befanden, den anderen erzeugten die trommelnden Ivorer, den dritten die Deutschen, die sich mit den Afrikanern verbündeten und lautstark solche Lieder sangen wie „Ooh-ne Holland fahrn wir nach Berliiin" ... Nach dem Abpfiff übertönten die siegreichen Oranjes diesen Orkan und tobten, um ihre Helden zu feiern, die auf dem Rasen Ringelreihen tanzten, als ob sie den WM-Pokal errungen hätten. Zumindest hatten sie sich verdientermaßen für das Achtelfinale qualifiziert. Mit drei Punkten in der Tabelle und diesem Publikum im Rücken begannen sie von Anfang an zu stürmen, bis der junge Stürmer Robin van Persie von Arsenal London ausgerechnet von seinem Vereinskameraden Kolo Toure vor der Strafraumgrenze gefoult worden war. Van Persie zirkelte den Freistoß exakt ins Netz der Ivorer. Und vier Minuten später erhöhte Ruud van Nistelrooij. Noch vor der Halbzeitpause erzielte Bakary Kone den Anschlusstreffer für die Ivorer, die trotz ihres engagierten Kampfes in der zweiten Hälfte dennoch nicht mehr aufholen konnten.

Jeder Fanblock hat seine Fahne: als Banner...

...oder zum Schwenken

Zuerst entspannt dehnen...

...und dann aber los

Die Volunteers warten auf ihren Einsatz...

...und tragen die FIFA-Botschaft vom Feld

NIEDERLANDE 2 : 1 ELFENBEINKÜSTE

Vorrunde, 16. Juni 2006

Nicht anders als im Gottlieb-Daimler-Stadion wurde dieser große Tag der niederländischen Fußballfreunde in der Innenstadt – und dann noch ganz besonders auf dem Schlossplatz – zu einer wahrlich „hinreißend ekstatischen" Angelegenheit. Schon länger angereiste Fans, die auch in der Zeltstadt beim Wasen untergekommen waren, bevölkerten schon seit dem Morgen das ganze Gebiet rund um den Schlossplatz. Und ununterbrochen kamen Busse am Busbahnhof an. Gegen Mittag waren 50.000 Oranjes in der Stadt. Alles Orange. Viele kamen in Latzhosen und Holzpantinen, andere in Blümchenkleidern, wieder andere mit spitzen Hüten, von denen Zöpfe in Nationalfarben herunterhingen. Es war beinahe wie in Köln am Rosenmontag. Doch heute war es heiß. Da wurde man sehr durstig. An manchen Stellen wurde Dosenbier auf offener Straße verkauft. Andere Holländer besuchten die Kaufhäuser, so dass nicht wenige mit vollen Einkaufstüten durch die Straßen gingen. Am frühen Nachmittag begann ein „königlich-niederländisches" Musikprogramm auf dem Schlossplatz. Der füllte sich nun langsam – unter Aufsicht auch niederländischer Polizisten. Heitere Oldie-Schlager erklangen, die ausgelassenen Holländer tanzten, schunkelten und sangen, skandierten fröhlich umher: „Stuttgart is van ons!". Nun wusste man, was der niederländische Vertreter Rühman bei der Pressekonferenz im Rathaus gemeint hatte, als er auf das bevorstehende Fest seiner Landsleute hinwies. Aber es sollte noch heftiger kommen.

„Côte d'Ivoire", das ist unser Land

Niederländische und deutsche Polizisten gemeinsam auf Streife

Holland wird niemals untergehn

Jetzt spielt auf der Bühne die Musik

Gemischtes holländisches Blasorchester

Uns kann keiner schlagen...

...aber wir spielen am schönsten

Für holländische Straßen ideal, weil es da keine Berge gibt

Coca-Cola

SWR1
EINS
GEHÖRT
GEHÖRT.
SWR1.
Coca-Cola
Coca-Cola
Coca-Cola
Coca-Cola
EnBW
EnBW
EnBW
SWR

DER ORANJE-MARSCH

Am Nachmittag lösten sich etwa 10.000 Niederländer aus dem Schlossplatz, um sich zu ihrem Marsch zum Gottlieb-Daimler-Stadion zu sammeln. Sie waren vorbereitet und wussten, dass es dorthin einen schönen Weg durch den Schlossgarten gibt. Ob es hier wohl jemals einen solchen Marsch einer so großen geschlossenen Gruppe gegeben hatte? Jedenfalls bietet er Gelegenheit, ein wenig über die allgemeine Bedeutung der Halbfinalbegegnungen nachzudenken. Deren Teilnehmer waren allesamt Kernländer der heutigen Europäischen Union, die sich in einer Krise befindet, und als Europäische Wirtschaftsgemeinschaft mit Deutschland, Frankreich, Italien und den Benelux-Ländern schon 1957 ihren Anfang genommen hatte. Später waren Großbritannien und 1986 auch Portugal hinzugekommen.

Auch wenn die Niederländer vor dem Halbfinale ausgeschieden waren, setzten sie mit diesem fröhlichen und doch so geordneten Marsch ein Zeichen für die Kraft einer zielgerichteten Bewegung, die weiß, wohin sie will. Eine solche bräuchte es in Europa. Zum Ende hin war die WM eine Sache der Europäer. In zwei Jahren tragen sie in der Schweiz ihre Meisterschaft aus. Es wäre schön, wenn unsere Politiker bis dahin wüssten, was sie mit Europa eigentlich wollen. Und sich vielleicht von den Oranjes inspirieren ließen. Die zwar nicht im Halbfinale waren, dafür aber bei den Stuttgarter Müllmännern in ungewöhnlicher Erinnerung bleiben werden, weil sie von den Oranjes wegen ihrer Kleidung und der schönen Müllfahrzeuge ständig beglückwünscht wurden.

Geordnetes Chaos mit Fahnenträger voran

Ein Engpass bringt den Zug ins Stocken

Im Gleichschritt gehts weiter

Gut gelaunt ins Gottlieb-Daimler-Stadion

Die Brunneneroberung

Einmal Sieger sein

Nachdem die Oranjes den Brunnen erobert haben, lässt der Veranstalter für dringende Fälle ein Klohäuschen-Zaun errichten

EINE STADT IN ORANJE: DER FANWELTMEISTER ZU GAST BEI STUTTGARTER FREUNDEN

Auf den Treppen des Königsbaus formieren sich die Meistersinger und ihr gewaltiges Orchester. Sie sind mit Löwenkostümen aufmarschiert, mit Plastikkronen und Federschmuck. Einige männliche Chormitglieder tragen Röcke, die ihre behaarten Beine nur unvollständig bedecken. Dann legen die Trompeter los, die Tuba stimmt ein, die Pauken dröhnen, und Tausende von holländischen Fans singen zusammen: „Stuttgart is van ons - Stuttgart gehört uns!". Am 16. Juni sieht die Landeshauptstadt Orange. Einen Tag und eine Nacht lang feiern 40.000 holländische Fans in Stuttgart. Die Oranjes werfen ihre Partymaschine an – und stellen bei drückender Schwüle alle bisherigen Feiern in den Schatten. Die Stimmung ist vor dem Spiel gegen die Elfenbeinküste schon am Mittag derart ausgelassen, dass Wolfgang Schuster auf der Bühne mit Frau Antje ein Tänzchen wagt – fast fällt der Dame dabei der Käselaib aus den Händen. Der Oberbürgermeister ist völlig losgelöst.

Zwischen den Säulen des Königsbaus regnen Konfettischnipsel. Der Schlossplatz leuchtet Orange. Am Spätvormittag beginnt die bisher größte und bunteste WM-Party in der Innenstadt. Ganz Stuttgart trägt nur noch Oranje. Vor den großen Leinwänden fliegen Tulpensträußchen durch die Luft, Fans mit Pumucklperücken schwenken die mannshohe Nachbildung des WM-Pokals. Auf der Bühne singt ein niederländischer Entertainer im goldfarbenen Sakko „Nederland Oranjeland". Spontan tanzen Hunderte von Anhängern eine Polonäse vor der Großleinwand. Und Oranje feiert sich selbst. Auch auf dem Weindorf, wo Steef van Baalen und seine drei Arbeitskollegen aus Arnheim eine Bank mit Blick auf das Schillerdenkmal erobert haben: „Das ist hier ein Platz wie auf der Haupttribüne", sagt van Baalen, „nur auf Miss Germany warten wir bisher vergeblich, die ist uns noch nicht über den Weg gelaufen". Alle vier besitzen Karten für das Spiel ihrer Mannschaft gegen die Elfenbeinküste, deren Fans in der Innenstadt aus zwei Gründen kaum auffallen: Sie sind den Holländern zahlenmäßig weit unterlegen – und sie tragen ebenfalls orangefarbene Trikots.

An diesem zweiten WM-Spieltag in Stuttgart werden erneut kulturelle Unterschiede zwischen Gästen und Gastgebern überbrückt: Unzählige Male muss Tanja Bendel, die auf dem Weindorf kellnert, die immer gleiche Frage beantworten: „Warum habt ihr eigentlich kein Bier?". Staunend überfliegen die Niederländer – ausgewiesene Biertrinker – die Karte und lesen dort von fremdartigen Getränken wie einem Haberschlachter Heuchelberg. „Das kann ich nicht mal aussprechen", sagt ein Mann im Löwenkostüm. Doch Tanja Bendel verliert den ganzen Tag über nicht die Geduld und erträgt gelassen die zahllosen Flirtversuche der Fans.

Vor dem Hauptbahnhof trommeln sich unterdessen zwei Afrikaner bei dieser ausgelassenen Party an die Spitze der Fanhitliste. Eine Menschentraube umgibt die beiden Männer – Fans in Oranje und in Schwarz-Rot-Gold tanzen vor der Rolltreppe zum Arnulf-Klett-Platz zu den stampfenden Rhythmen. Kein Missklang stört die gemeinsame Feier: Holländische Fans feuern jene von der Elfenbeinküste an: „Allez, les éléphants!".

Dreieinhalb Stunden vor dem Spielbeginn schmettert eine Fanfare über den Schlossplatz. Es ist das Signal für den Aufbruch. 10.000 Fans der Holländer laufen gemeinsam von der Innenstadt durch den Schlossgarten bis zum Stadion. Mitten im Park entdecken viele Stuttgarter verblüfft eine neue Tierart: den orangefarbenen Tausendfüßler. Dieses fremdartige Geschöpf hupt, trötet, singt und gerät immer mehr außer Fassung – ein Fan bricht aus dem Zug aus und rennt fahnenschwenkend mit entblößtem Oberkörper durch den Eckensee. Ein anderer stürzt sich jubilierend auf eine Einheimische, die sich im Bikini in den Anlagen sonnt: „Lekker meisje!". Überall in den Anlagen sind die Holländer die Stars: Bei den Alten, die verwundert vom Schachfeld aufblicken, bei den Biergartenbesuchern und bei den Müttern, die ihre Kinderwägen am Tausendfüßler vorbeischieben. Für einen Tag werden die Stuttgarter zu Touristen in ihrer eigenen Stadt, die immer wieder die Kameras zücken. Nach anderthalb Stunden erreicht der Umzug das Stadion: „Sta op als je voor Holland bent" schallt es durch das Rund – „steh auf, wenn du für Holland bist".

Und das ist auch im ausverkauften Gottlieb-Daimler-Stadion die eindeutige Mehrheit der 52.000 Fans. Vor allem in der Untertürkheimer Kurve singt sich der vielstimmige holländische Chor heiser. Selbst Franz Beckenbauer, der zum Spiel eingeflogen ist und auf der Haupttribüne in einer Ehrenloge neben dem FIFA-Boss Joseph Blatter sitzt, zeigt sich beeindruckt von der Kondition der Holländer, die auf den Rängen während des gesamten Spiels feiern. Als ihre Mannschaft durch einen Doppelschlag in Führung geht, gibt es kein Halten mehr: „Hup Holland hup!". Auf der Gegengerade jubelt auch das holländische Quartett aus Arnheim. Steef van Baalen und seine Freunde schwenken ihre Maskottchen – vier aufblasbare Salamander.

Mit 2:1 siegt das Team aus den Niederlanden – nur der größte Bierbrauer aus dem Nachbarland kassiert in Stuttgart eine klare Niederlage: Heineken hatte eigens für das Spiel 10.000 Hüte produzieren und unter den Fans verteilen lassen. Doch das Vorhaben, im Wohnzimmer der FIFA durch die Hintertür Werbung zu machen, misslingt: Die Bierhüte landen noch vor den Stadiontoren in bereits aufgestellten grünen Tonnen.

Als der Schiedsrichter das Spiel abpfeift, haben die holländischen Fans die Episode längst abgehakt: Im Stadion und auf dem Schlossplatz liegen sie sich in den Armen. Für sie beginnt jetzt die dritte Halbzeit: Im Café vor dem Königsbau balancieren die Kellner Tabletts mit Bierbechern durch die Menge. Ein Hupkonzert dröhnt, in den Kneipen wird jeder freie Platz von den Oranjes besetzt und vor dem Königsbau trifft das niederländische Orchester nicht mehr jeden Ton. Als ein Müllmann zu später Stunde mit Tonne und Besen seine Runde über den Schlossplatz dreht, wird er von den Fans bejubelt: „Wir fegen zusammen, du fegst hier nicht allein. Wir fegen zusammen!". Die Holländer ziehen an diesem Tag ins Achtelfinale ein – ihren Anhängern ist der Titel des Fanweltmeisters schon nicht mehr zu nehmen.

PORTUGAL 2 : 0 IRAN

Vorrunde, 17. Juni 2006

Auch die Portugiesen hatten sich bereits in ihrem zweiten Spiel für die nächste Runde qualifiziert. Aus Stuttgarter Sicht besonders erfreulich war dieser zweite „Zu-Null-Erfolg" natürlich für den VfB, dessen eleganter Innenverteidiger Fernando Meira in diesem Spiel enorme Zweikampfstärken zeigte. So sah man es auch im portugiesischen Sportzentrum in Untertürkheim, wo sich viele derjenigen Anhänger der Seefahrernation zum „Gucken" getroffen hatten, denen es für dieses Frankfurter Nachmittagsspiel zu heiß für den Schlossplatz gewesen war. Wie man sieht, gab es aber eine große Zahl von hitzefesten Portugiesen. Die mussten sich zunächst jedoch gedulden, bis nach einer furiosen Angriffswelle zu Beginn der zweiten Hälfte ihr Zauberkünstler Deco mit einem Fernschuss das Leder im Netz der Iraner versenkte. Die wollten sich so schnell nicht ihrem Schicksal fügen und starteten den Gegenangriff. Zwei große Chancen hatten sie. Ricardo im portugiesischen Tor durfte nun zeigen, was er kann: katzenhaft hechten. Und nach einem schnellen Konter foulten die Iraner Figo tief in ihrem Strafraum. Christiano Ronaldo verwandelte den Elfmeter. Nun ging es für die Löwen von Persepolis in ihrem letzten, gegen Angola bevorstehenden Spiel nur noch um die Ehre. Die hitzefesten Portugiesen auf dem Schlossplatz kamen nun aber erst so richtig in Schwung.

ITALIEN 1 : 1 USA

Vorrunde, 17. Juni 2006

Das umsichtige Trio der Amerikaner aus Kaiserslautern (siehe Bild S. 23) wird gewiss sehr zufrieden darüber gewesen sein, dass es die berühmte „squadra azzura" nur zu einem Unentschieden gegen seine „soccers" brachte. Und die Stuttgarter Italiener waren gehörig bestürzt von dem schwachen Ergebnis dieses kampfbetonten Spiels, bei dem es drei Platzverweise gegeben hatte. Dabei hatte es ziemlich müde begonnen. Wer anfangs überhaupt nach vorne drängte, waren die Amerikaner. Das gefiel deren Landsleuten auf dem Schlossplatz sehr. Die gerieten sogar richtig ins Jubeln, als ein satter Schuss von Dempsey das Tor der Italiener nur sehr knapp verfehlte. An den wäre der hervorragende Gianlugi Buffon bestimmt nicht mehr herangekommen. Doch nun hatte die „squadra azzurra" ihre Anlaufschwierigkeiten überwunden. Ein Kopfstoß von Gilardino sorgte für deren 1:0. Fünf Minuten später fiel der Ausgleich für die USA, durch ein Eigentor der Italiener. Dann sah de Rossi wegen eines äußerst bösen Fouls die Rote Karte. Eine solche gab es gleich darauf für Pablo Mastroeni von den USA. Die dritte rote Karte kassierte Eddie Pope gleich nach der Halbzeitpause. Nun bangten die Tifosi um den Gruppensieg. Was sie aber nicht davon abhielt, länderübergreifend bis spät in die Nacht unter der Live-Begleitung von „Fools Garden" auf dem Schlossplatz zu tanzen. Der Hit war natürlich „Lemon Tree".

TSCHECHISCHE REPUBLIK 0 : 2 GHANA

Vorrunde, 17. Juni 2006

Eine Sache war der klare Sieg der Ghanaer über die favorisierten Tschechen in Köln. Der auch noch schnell und technisch überragend schon in der zweiten Spielminute durch die Führung eingeleitet worden – und nach 65 Minuten erfrischenden Angrifffußballs gesichert worden war. Und eine andere Sache war es, dass die Deutschen auf dem Schlossplatz die Gelegenheit ergriffen, der ganzen Welt zu zeigen, was für ein gutes Verhältnis sie zu Fans anderer Mannschaften haben. „Steh auf, wenn du Ghanaer bist", sangen sie auf dem Schlossplatz, und als die Tore fielen, sang man „So ein Tag, so wunderschön wie heute".

Ghana, Ghana, wir sind die Größten

Ja, weiter so

2 Gegentore, aber wir gönnen es den Afrikanern

Und jetzt wird getanzt

JAPAN 0 : 0 KROATIEN

Vorrunde, 18. Juni 2006

Der Anblick auf dem Schlossplatz war schon interessant: In einem Meer rot-weißer Schachbrettfahnen konnte man gelegentlich auch eine weiße Fahne entdecken, die einen roten Kreis in ihrer Mitte trug. Das nennt man Selbstbehauptung. Die Japaner taten es nur ihren Landsleuten gleich, die heute in Nürnberg den starken Kroaten ein Unentschieden abtrotzten. Das lag auch an ihrem Tormann Tawaguchi, der einen Elfer hielt. Hätte man diese Gefühle auf dem Schlossplatz durch eine Animation sichtbar machen wollen, so würden sich darin die roten Karos und die roten Kreise auf den weißen Fahnen wechselseitig tauschen. Die Japaner jubelten.

BRASILIEN 2 : 0 AUSTRALIEN

Vorrunde, 18. Juni 2006

Was für unterschiedliche Töne sich in der brasilianischen Volksseele zu einem vollen Klang verbinden können, zeigt sich an dem untenstehenden großen Bild vom Schlossplatz. Und an der Tatsache, dass zwei Stars der Meister-„Seleção" von 1994, Sergio und Jorghino, an diesem Sonntag vor ihrem Besuch des frühabendlichen Münchener Spiels ihrer Mannschaft gegen Australien noch am Vormittag im vollbesetzten Gospel-Forum der Biblischen Gemeinde Stuttgart über „Gott, die Welt und Fußball" sprachen. Und natürlich auch sangen. Mit einem Arbeitssieg sicherten sich die Brasilianer den vorzeitigen Einzug ins Achtelfinale.

FRANKREICH 1 : 1 REPUBLIK KOREA

Vorrunde, 18. Juni 2006

Mit ihrem zweiten Vorrundenspiel gegen Frankreich in Leipzig hatten die „Roten Teufel" aus Südkorea die Führung ihrer Gruppe übernommen. Der Jubel unter den Südkoreanern vor dem Neuen Schloß war gewiss so groß wie der beim FIFA Top-Partner Hyundai Motor Deutschland, der im August 2005 gemeinsam mit der Stuttgart-Marketing GmbH auf dem Schlossplatz Karten für die WM bei einem Torwandschießen verlost hatte. Für die „Equipe Tricolore" geriet dieser Leipziger Auftritt auch deshalb zum Debakel, weil ihr Leitwolf Zinedine Zidane kurz vor Schluss vom Platz genommen wurde. Nun hofften die Franzosen auf das Spiel gegen Togo.

TOGO 0 : 2 SCHWEIZ

Vorrunde, 19. Juni 2006

Die Enttäuschung auf dem Schlossplatz war sehr groß. Denn nun war Togo ausgeschieden. Das lag wohl auch an der etwas naiv wirkenden Einstellung der meisten afrikanischen Spieler, lieber durch möglichst eindrucksvolle Einzelaktionen zu glänzen als durch das Zusammenspiel in der Mannschaft. So war es umso erstaunlicher, dass diese Mannschaft über die Endrunde hinaus gekommen war. Erfreulich war aber dieselbe Naivität in anderer Hinsicht: Sie brachte eine exotische Fröhlichkeit in die WM, so auch auf den Schlossplatz. Der bei dieser Begegnung allerdings von den Schweizer Fußballanhängern beherrscht wurde. Denn nachdem die Eidgenossen vor einer Woche im Gottlieb-Daimler-Stadion einen Achtungserfolg gegen die Franzosen errungen hatten, litt nun der neue Großauftritt von Schweizer Fans gewiss nicht an mangelndem Selbstbewusstsein. Vor diesem Hintergrund betrachtet war es sehr bemerkenswert, dass vor dem Spiel unter den Besuchern des neuen Kunstmuseums am Rande des Schlossplatzes auffällig viele Schweizer gesehen wurden. Was auf der Großleinwand zu sehen war, lässt sich schnell so zusammenfassen: Ein frühes Abstaubertor der Schweizer, die daraufhin vergeblich versuchten, die Führung zu erhöhen. Viele, auch akrobatische Einzelleistungen der Afrikaner, und dann in der letzten Spielminute das zweite Tor der Schweizer.

SAUDI-ARABIEN 0 : 4 UKRAINE

Vorrunde, 19. Juni 2006

Zum zweiten Spiel an diesem Tage waren die wenigsten Fans auf den Schlossplatz gekommen. Einige ukrainische Fahnen konnte man sehen, nur eine aus Saudi-Arabien – zusammen mit einer der Palästinenser. Und diese hatten – außer vor dem Spiel – leider wenig Anlass, geschwenkt zu werden. Dafür sorgten die Spieler aus Osteuropa schon in der vierten Minute dieser Begegnung mit ihrem 1:0. Die Ukrainer stürmten gewaltig, und erst nach einer halben Stunde waren die Saudis so weit in den gegnerischen Strafraum vorgedrungen, dass es zu einem Eckball kam. Nun sah man eine arabische Fahne, dazu noch die der Palästinenser. Die gehörten Rana und ihrer jüngeren Schwester Nisrin, die beide aus Palästina stammen und Deutsche sind. Bald nach dieser Ecke fiel das zweite ukrainische Tor. In der Pause kam eine Gruppe junger Männer in Beduinenkleidung. Rana und Nisrin wollten mit einem von ihnen fotografiert werden. Und schon fiel das dritte Tor der Ukraine. Dann kam der Künstler Saifudeen Dag. Er ist ebenfalls Deutscher und fühlte sich von Ranas Fahne angezogen. Kürzlich erhielt er einen Auftrag der Stadt Stuttgart, ausgewählte Wände mit seinen gesprühten Werken zu verzieren. So wie er es bereits schon mit einer Wand im Hof einer Schule getan hatte. Er sei kein Fußballfreund, aber er liebe die Stimmung auf dem Schlossplatz. Nun fiel das vierte Tor der Ukrainer.

SPANIEN 3 : 1 TUNESIEN

Pressekonferenz der Stadt Stuttgart im Rathaus

Vorrunde, 19. Juni 2006

Der Oberbürgermeister hatte folgende Persönlichkeiten geladen: S.E Moncef Ben Abdallah, Botschafter der Republik Tunesien in Deutschland, Herrn Ricardo Zalacain Jorge, Generalkonsul Spaniens in Stuttgart, Herrn Jorge H. Carratero, Sprecher des Vorstands des spanischen Fußballverbandes, Herrn Youssef Chebbi, Konsul der Republik Tunesien in München, Herrn Tarak Mtibaa, Geschäftsführer und Mitautor des Buches „Wir sind Stuttgart", Frau Brigida Gonzalez, Fotografin und Mitautorin des Buches „Wir sind Stuttgart", Herrn Hansi Müller, WM-Botschafter von Stuttgart.

Der tunesische Botschafter sah dieses Spiel als ein Freundschaftszeichen. Stuttgart könne Fußballfeste feiern. Der WM-Botschafter Hansi Müller sagte, wie schwer es sei, in dieser Hitze zu spielen. Das dürfe man nicht vergessen, wenn man die Spiele im Schatten sehe. Jorge H. Carratero sagte, dass es in Spanien zwar gute Clubs gebe, es aber schwierig sei, eine gute Nationalelf zu bilden.

OFFIZIELLER EMPFANG IM BADEN-WÜRTTEMBERG-HAUS

Geladen von DaimlerChrysler und dem Land Baden-Württemberg

Der Ministerpräsident Baden-Württembergs Günther H. Oettinger und Andreas Renschler, Vorstandsmitglied der DaimlerChrysler AG, begrüßten die Delegationen. Unter den Gästen war auch Christian von Holst, Direktor der Staatsgalerie Stuttgart. Er freute sich über den Erfolg, den seine Claude Monet-Ausstellung genießt. Und wie das Gebäude der Staatsgalerie einst das Interesse der Bauwelt auf sich gezogen habe, sei es nun mit dem neuen Mercedes-Benz Museum. Nun zur zwölfjährigen Samar von den Europa-Miniköchen. Sie servierte die Desserts von Sternekoch Harald Wohlfahrt und trug dabei eine hübsche Kochmütze, die mit dem Duft der Desserts bei manchem Ehrengast Erinnerungen an die Welt der Dornröschenschloss-Küche weckte. Schade nur, dass hier keine Brezeln aus der Bäckerei Klinsmann angeboten wurden. Dass Klinsi einen guten Job mache, sagte der Mercedes-Sportchef Norbert Haug. Worin ihm auch die 52.000 Besucher zugestimmt hätten, die zum Spiel ins Gottlieb-Daimler-Stadion gekommen waren.

Feinste Süßspeisen aus Tunesien

Köstlichkeiten aus der Pâtisserie

Gerhard Mayer-Vorfelder

Martin Schmitt

Harald Wohlfahrt

GOTTLIEB-DAIMLER-STADION STUTTGART

Spanien : Tunesien

„Vooolaaaare" sang das ganze Rund am Anfang. Meinte es die Regenwolken? Aber die flogen nicht weg. Gegen Ende der ersten Hälfte begann es in Strömen zu regnen. Da war die Stimmung bei den Spaniern bereits abgekühlt, weil die Tunesier schon nach ihrem ersten Angriff in der achten Minute führten. Und sich erfolgreich gegen die mächtig anstürmenden Spanier stemmen konnten.

Aber in der zweiten Hälfte wendete sich das Blatt. Die Adler von Karthago konnten sich des Dauerangriffs der tapferen Spanier nicht mehr erwehren. In der 71. Minute erlöste Raul seine 22.000 Landsleute aus ihrem Bangen und glich aus, vier Minuten später schlenzte Torres zum Führungstor ein. So war das 3:1 durch einen Foulelfmeter in der Nachspielzeit nur mehr das Sahnehäubchen.

Die ersten Sturmböen fegen durch das Stadion

Auf der Gegengerade leuchten die Landesflaggen

Ein liebevolles Fanbanner aus Tunesien

SPANIEN 3 : 1 TUNESIEN

Vorrunde, 19. Juni 2006

„Ola, ola, olaolaola – España". So klang es seit dem frühen Nachmittag durch die Innenstadt, die ganz in Rot-Gelb erglühte, während sich schon seit dem Nachmittag dicke Wolken über Stuttgart zusammenbrauten. Die sollten dann am Abend für die erste kalte Dusche dieser Spiele sorgen, die von Anfang an vom Wettergott begünstigt worden waren. 15.000 Spanier waren nach Stuttgart gekommen, wo Tausende ihrer Landsleute leben. Dagegen waren die angereisten 2.000 tunesischen Fußballfreunde deutlich in der Unterzahl. Doch lautstark waren sie allemal. Sie belagerten den Königsbau und tanzten dort im Kreise, trommelten auf Tamburins und schwenkten ihre Fahnen. Bengalische Feuer wurden abgebrannt. Straßenkünstler bemalten Gesichter in Landesfarben. So könnte es im alten Karthago ausgesehen haben. Gleich daneben die Spanier, davon viele in Torero-Kostümen. Sie skandierten unermüdlich: „A por ellos, Oé", was heißt „wir kriegen sie".

Und die Regenwolken wurden dichter. Die taten es dem Schlossplatz gleich, der sich zum Abend hin bis an die Grenzen seiner Fassungsfähigkeit bevölkerte. Dabei musste auch die Stadtbahnhaltestelle wegen Überfüllung eine halbe Stunde lang geschlossen werden. Dann war es soweit. Die spanischen Chöre verstummten entsetzt, nachdem sie auf den Schirmen das Führungstor der Tunesier hatten ansehen müssen. Und dann öffnete der Himmel seine Schleusen. Die meisten flüchteten, Halbzeitpause war ja ohnehin. Und nachdem es ausgeregnet hatte, fielen die spanischen Tore. „Ola, ola, olaolaola – España"!

Die königlichen Fahnen vor dem Anpfiff

1:0, Tunesien wird gewinnen

Entspanntes Familienglück

Uns zwei gefällt es in Stuttgart

Spanien wird Weltmeister, wir schlagen alle

Sieg oder Niederlage, hier wird gefeiert

Viva España

SPANISCHE WM-SCHLAGER UND EIN WEINENDER TUNESIER

Auf der Nadlerstraße, unweit des Stuttgarter Rathauses, kommen Viky, Susi und Luisi wie eine Erscheinung über die Stadt. Eine üppige Erscheinung. Die drei drallen Damen tanzen auf dem Asphalt, singen in jedes Mikrofon, das ihnen entgegengestreckt wird, und verteilen Küsschen auf die Wangen. Viky, Susi und Luisi geben an diesem Tag alles für den Erfolg der spanischen Nationalmannschaft: Die Haare sind blondiert und künstlich verlängert, das Gesicht zieren rot-gelb-rote Wappen, und wenige Stunden vor dem Beginn des Spiels zwischen Spanien und Tunesien stellt das Trio seine Fanhymne zur Weltmeisterschaft vor: Furia Española - die Kraft Spaniens.

Zweifellos gehören die drei Schlagersängerinnen der Gruppe Las Supremas mit zu den skurrilsten Fans, die während der Weltmeisterschaft in Stuttgart unterwegs sind. Bis zum vergangenen Jahr kannte niemand in Spanien die Supremas, die höchstens in Werbespots oder als Backgroundsängerinnen auftraten. Dann nahmen Viky, Susi und Luisi am spanischen Vorentscheid zum europäischen Schlagerfestival teil und belegten prompt den zweiten Platz. Seitdem sind die Damen in den besten Jahren, die aus einem Arbeiterviertel von Madrid stammen, in ihrem Heimatland Kult. Auch dank mitgröltauglicher Textzeilen wie „eres un enfermo del cibersexo" – „du bist süchtig nach Cybersex".

Jetzt sind sie auf ihrer WM-Werbemission im spanischen Restaurant Cortijo in Stuttgart angekommen. Schon am Mittag ist das Cortijo beim Hans-im-Glück-Brunnen nicht mehr von einer spanischen Fankurve im Gottlieb-Daimler-Stadion zu unterscheiden. „que viva España!" – dröhnt der Schlachtruf zwischen Tapastellern und gewaltigen Schinken, die an den Wänden hängen. Auf der Straße wiegen sich Flamencotänzerinnen, zwischen ihnen posieren Männer in ihren „trajes de luz", den glitzernden Kostümen der Stierkämpfer. Ein Bild, wie geschaffen für einen Urlaubsprospekt. Fans aus Gijon, aus Malaga und Barcelona bejubeln jede Tanzeinlage. Und die Supremas, die am Stuttgarter Spieltag von fünf spanischen Kamerateams auf Schritt und Tritt verfolgt werden, sind immer mit dabei.

Eigentlich, das gibt Susi dann auch gleich zu, haben die Schlagersängerinnen mit dem Geschehen auf dem Rasen nicht so viel am Hut: „Wir unterstützen hier während der WM die spanische Mannschaft mit unserer Hymne, aber wir haben leider keinen blassen Schimmer vom Fußball". Und Viky, die sich mit einem Fächer Luft zuwedelt, erzählt noch eben schmeichelnd, dass die Stuttgarter Männer weit attraktiver seien als die Spanier. „Ach ja, und heute Abend schlagen wir die Tunesier mindestens mit 6:0."

Dann müssen die drei Sirenen auch schon runter vom Pflaster, rauf auf die Bühne. Die spanischen Fans erwarten sie sehnsüchtig: „Wo seid ihr Blondinen?". Die Supremas schlängeln sich vorbei an getrockneten Chilischoten, die über dem Zapfhahn zu Girlanden geflochten sind. Als sie loslegen und von sexsüchtigen Ehemännern und kraftvollen Fußballern singen, gibt es im Cortijo bei den feiernden Besuchern kein Halten mehr. Die Fans wippen vor der Bühne, sie stimmen ein in die Hymne. Und auf der Bar tanzen die Riojaflaschen im Takt der Musik.

Der Nationalspieler wohnt im Nachbarhaus

Genau 457 Tunesier leben in Stuttgart – einer davon ist Alexander Ben Ghozlen. Für den 25-jährigen geht am 19. Juni ein Traum in Erfüllung: Er sitzt an diesem lauen Sommerabend im Stuttgarter Daimlerstadion beim zweiten Vorrundenspiel der Nordafrikaner gegen Spanien – zusammen mit etwa 15.000 Landsleuten. Die Stimmung im Stadion, in dem auch 15.000 Spanier auf den Rängen sitzen, könnte kaum besser sein, und als schließlich die 22 Spieler auf den Platz laufen und die Nationalhymne seines kleinen Landes ganz im Norden Afrikas gespielt wird, weint Alexander Ben Ghozlen vor Rührung und Nationalstolz hemmungslos.

Das Ticket für das Spiel, um das er sich lange Zeit selbst vergeblich bemüht hatte, bekam er schließlich von einem der Hauptsponsoren der Weltmeisterschaft geschenkt. Für diesen arbeitet der junge Tunesier während der vier WM-Wochen in Stuttgart. Sein Job besteht unter anderem darin, dafür zu sorgen, dass die Colaflaschen in den Spielerkabinen nicht wärmer als vier Grad Celsius sind und die riesigen Kühlschränke nach der Halbzeit wieder aufgefüllt werden. Während seines WM-Einsatzes laufen dem Fußballfan zahlreiche Stars der Branche über den Weg: beispielsweise Didier Drogba vom Team der Elfenbeinküste, Englands Promikicker David Beckham, Spaniens Raul oder Ruud van Nistelrooy, die holländische Tormaschine.

Den Star der tunesischen Nationalmannschaft, den Abwehrchef Hatem Trabelsi, hat Ben Ghozlen in Stuttgart wie einen alten Bekannten begrüßt: In Sfax, der zweitgrößten Stadt Tunesiens im Süden des Landes, wohnen Ben Ghozlens Eltern Tür an Tür mit dem tunesischen Teamkapitän, der als Seele der Mannschaft gilt. Noch vor der Weltmeisterschaft in Deutschland saß der 25-jährige mit Trabelsis kleinem Bruder in einem tunesischen Café zum Fachsimpeln. Das Achtelfinale, darin waren sich beide einig, sollte das Team des französischen Trainers Roger Lemerre bei der Weltmeisterschaft in Deutschland schon erreichen.

Knapp zehn Millionen Einwohner hat Tunesien, und genau so viele sind begeisterte Fußballfans – „Hunde und Katzen nicht eingerechnet", sagt Ben Ghozlen, dessen Nachname so viel wie „Sohn einer Gazelle" bedeutet. Gemeinsam mit seinen Landsleuten feiert er an diesem Tag in der Untertürkheimer Kurve fast 80 Minuten lang mit Freudentänzen und Trommeleinlagen sein Team, das gegen Spanien früh in Führung geht und lange wie der sichere Sieger aussieht. Dann stürzen die „Adler von Karthago" in der Schlussphase des Spiels doch noch ab und als am Ende alles vorbei ist und der krasse Außenseiter Tunesien wie erwartet gegen den Favoriten verloren hat, ist Alexander Ben Ghozlen schon wieder zum Heulen zumute – diesmal allerdings aus Frust und Enttäuschung. Doch seine Trauer hält nicht lange an, denn man muss die Feste feiern wie sie fallen. „Tunesien hat heute der ganzen Welt gezeigt, was dieses kleine Land leisten kann", das hört man von vielen stolzen Nordafrikanern an diesem 19. Juni, der trotz einer spanischer Fiesta in der Innenstadt vielen Stuttgartern auch als tunesische Nacht in Erinnerung bleiben wird.

ECUADOR 0 : 3 DEUTSCHLAND

Vorrunde, 20. Juni 2006

Es war so gekommen, wie Jürgen Klinsmann es schon immer gefordert hatte: Deutschland wurde Gruppensieger. Und noch etwas anderes hat sich nach einer langen Vorgeschichte bei diesem schönen Spiel ereignet: Denn seit dem Confederations Cup vor einem Jahr hatte es im Fußballdeutschland zwei ganz bestimmte Dinge nicht mehr gegeben. Das eine war der Freudensalto. Diesen konnte Miro Klose schon sehr bald nach seinem Führungstreffer in der 4. Minute wieder schlagen. Da dürfte der Jubelruf der 45.000 Fans auf dem Schlossplatz abermals so mächtig wie das Startgetöse eines Düsenflugzeugs geklungen haben. Und auch Kloses zweites Tor fiel nach Ballacks Vorarbeit noch in der ersten Halbzeit. Als dann Podolski in der 57. Minute aus einer Flanke Schneiders den dritten Treffer machte, kehrte die andere Sache wieder. Denn nun toste der so lang vermisste Schlachtruf wieder auf: Lu-kas Po-dols-ki, Lu-kas Po-dols-ki! Und nach dem Schlusspfiff gabs ein Potpourri bis in den späten Abend: Von „Oh wie ist das schön", über „So ein Tag, so wunderschön wie heute" und dem „Berlin, Berlin, wir fahren nach Berlin" bis hin zum Deutschlandlied wechselten die Gesänge einander ab, während sich die Massen in der Innenstadt bewegten. Besonders in die Theodor-Heuss-Straße. Wo nach den Spielen sonst die Autokorsos fahren, haben sich die Stuttgarter Fans eine neue Steh-Party-Meile geschaffen: Hier wurde gesungen und getanzt, geschwätzt und getrunken, und zwischendurch „la Ola" inszeniert. Die Polizei war vorbereitet und gab sich geduldig gegenüber dieser schwäbischen Art von basisdemokratischer Straßenverkehrsregelung.

Gemeinsam sind wir stark

Ein wenig Bauch muss sein

So ein schwarz-rot-goldenes Fahnenmeer hat der Schlossplatz noch nie erlebt

Was wäre die WM ohne Fanartikel

Papi sorgt für gute Sicht

Steht auf, wenn ihr...

Bei diesem herrlichen Wetter...

...ist man mit einer Sonnenbrille...

...perfekt geschützt

FAN FEST STUTTGART
FAN FEST
Top Partner
HYUNDAI
MasterCard
TOSHIBA
TV/Radio Sender

TOSHIBA
HYUNDAI

COSTA RICA 1 : 2 POLEN

Vorrunde, 20. Juni 2006

Stuttgarts rund 80 polnische Spargelstecher waren noch auf den Feldern bei Schmiden, als ihre Mannschaft die Turnierteilnahme mit ihrem ersten Sieg in Hannover zu einem versöhnlichen Ende brachte. Auch für die „Ticos" war es die letzte Partie. So hatte dieses Spiel für ein Fortkommen keine Bedeutung mehr. Dennoch wurde es zu einem äußerst heftig geführten Kampf. Er begann mit einer Offensive der Costa Ricaner, die sich schon in der achten Minute einen Freistoß erkämpften. Der zweite folgte in der 24. Minute und führte zum Tor. Beinahe hätten sie auch noch ihr zweites geschossen, als die Polen endlich erwachten und noch rechtzeitig vor der Pause den Ausgleich erzielten. In der zweiten Hälfte setzten die „Ticos" ihre Offensive fort. Doch erst im letzten Drittel der Begegnung konnten die Polen Oberwasser gewinnen. Nach einem Eckstoß köpfte Bartosz Bosacki den Ball ins Netz. Nun war das Spiel gewendet. Die „Ticos" waren am Ende ihrer Kräfte. Kurz vor Schluss verfehlte ein wuchtiger Kopfball von Pawel Brozak das gegnerische Tor um Haaresbreite. Nach dem Abpfiff konnten sie zufrieden sein. „Bei der nächsten WM in Stuttgart wieder mit dabei zu sein", kündigte am Abend der verschmitzte Erntehelfer Waldemar Mazur vieldeutig lächelnd an. Ob er damit die Teilnahme Polens in Südafrika meinte oder seinen Stuttgarter Ernteeinsatz, ließ er lächelnd offen.

PARAGUAY 2 : 0 TRINIDAD & TOBAGO

Vorrunde, 20. Juni 2006

Beinahe unbemerkt vollzog sich am Rande des großen Jubels auf dem Schlossplatz die glücklose Geschichte der Inselindianer aus Trinidad & Tobago. Ohne ein Tor geschossen zu haben, mussten sie sich von dieser WM verabschieden. Dennoch wurden sie daheim begeistert empfangen. Dass sie überhaupt mitspielen durften, war ja schon eine Sensation gewesen. Und wenn sie ihren Landsleuten auch keinen einzigen Treffer mitbringen konnten, hatten sie doch noch etwas im Gepäck, was ihnen viel wertvoller sein konnte als jedes Tor. Sie hatten nämlich die Herzen vieler deutscher Fußballfreunde gewonnen. So war es auch bei ihrem letzten Spiel in Kaiserslautern gewesen. Unzählige Flaggen ihres Landes wurden auf dem Betzenberg geschwenkt – von ihren deutschen Freunden. Die noch vor dem Anpfiff La Ola in Bewegung brachten, der sich natürlich auch die (ebenfalls überwiegend deutschen) Anhänger Paraguays nicht entziehen mochten. Und nach dem Anpfiff legten die Mannen vom Festland gleich mächtig los. Sie erzielten ihren Führungstreffer in der 25. Minute. Nach der Pause starteten die Insulaner explosiv. Doch das Festland wehrte tapfer ab und konnte dann nach einer Viertelstunde durch die Angriffswellen tauchen und den Insulanerstrand erstürmen. Der Konter brachte ihr zweites Tor. Und nach dem Schlusspfiff wanderte La Ola wieder durch das Rund.

SCHWEDEN 2 : 2 ENGLAND

Vorrunde, 20. Juni 2006

Während noch 40.000 Deutsche den Sieg ihrer Mannschaft in der Innenstadt feierten, feuerten Engländer und Schweden vor den Leinwänden auf dem Schlossplatz ihre Teams bei deren Kölner Begegnung wechselseitig an. Vor überwiegend englischen Zuschauern rangen die kämpferischen Schweden den müden Engländern dieses Unentschieden ab. Das stimmte den Stuttgarter Schweden Magnus Lahti hoffnungsfroh: „Wir gewinnen 2:1". Ganz so überzeugt waren da Ida und Annika aus Stockholm nicht, die während der WM zu Gast bei ihrer Freundin in Stuttgart weilten. Wie recht sie damit haben sollten.

Unser Tipp 1:1. Fast richtig!

Erneute Führung für England

Zum Schluß ein gerechtes Unentschieden

Wir Engländerinnen sind die Schönsten

PORTUGAL 2 : 1 MEXIKO

Vorrunde, 21. Juni 2006

Auch wenn die Mexikaner in Gelsenkirchen verloren hatten – weitergekommen sind sie doch. Und dass sie selber weiterkommen würden, bezweifelten weder die portugiesischen Fans auf dem Schlossplatz noch die Gäste des portugiesischen Restaurants „Tasca im Feui" im Stuttgarter Osten, an dem ein „defensiver Fußweg" zum Gottlieb-Daimler-Stadion vorüberführt. Dort war man entsetzt, als die Mexikaner schon in der 2. Minute beinahe einen Treffer erzielten. So war die Erleichterung groß, als kurz darauf Maniche die Portugiesen in Führung brachte. Die erhöhte sich, als Simao in der 24. Minute einen Elfmeter im Tor der Mexikaner versenkte. Die wirkten nun schockiert und kassierten beinahe ein drittes Tor. Fünf Minuten später hatten sie sich aber gefangen. Jose Fonseca verlängerte eine Ecke per Kopfball ins lange Eck der Portugiesen. In der zweiten Hälfte konnten die Mexikaner ihre Fähigkeiten noch besser ausspielen. Sie waren schon dabei, die Oberhand zu gewinnen, als ihnen auch noch das Glück zu Hilfe kam: Ein Elfer wurde ihnen zugesprochen. Doch dieses Glück erwies sich als Pech. Bravo schoss den Strafstoß weit übers Tor. Bald darauf bekam er wieder eine große Chance und schoss abermals weit über das Tor. Er hatte eben einfach keinen guten Tag. Denn nach seiner dritten Großchance zog er den Ball ein drittes Mal weit übers Tor.

IRAN 1 : 1 ANGOLA

Vorrunde, 21. Juni 2006

Als nach Beginn dieses Spieles unter den Angolanern und Angehörigen anderer afrikanischer Völker auf dem Schlossplatz bekannt geworden war, dass Portugal gegen Mexiko in Führung gegangen sei, brachen die wildesten Freudenschreie aus. Denn nun bestand für sie die Hoffnung, im Falle eines Sieges ihrer Mannschaft und eines Sieges der Portugiesen doch noch ins Achtelfinale zu kommen. Indes die iranischen Fußballfans, deren Mannschaft auch bei einem Sieg nach Hause fahren musste, ebenfalls jubelten. Denn ihre Mannschaft führte einen rasanten Angriff, der allerdings kein Tor erbrachte. Als die Iraner gleich darauf ihre nächste Chance nicht nutzten, jubelten ihre Anhänger nicht. Nun war Angola an der Reihe, eine Chance nicht zu nutzen. Ebenfalls kein Jubel. Im Gegenzug vergaben die Iraner eine noch bessere Torgelegenheit, was ihnen die Angolaner gleich nachmachten. So ging es bis zur Halbzeitpause. Auch nach dem Wiederanpfiff unterschieden sie sich nicht in ihrer Chancennichtverwertung, bis Ze Kalanga die Angolaner in Führung brachte. Es dauerte nicht lange und Sohrab Bakhtiarizadeh glich das Konto der Chancenverwertung aus. Danach ging es bis zum Schlusspfiff wieder in Sachen Chancennichtverwertung weiter. Und dann übertrafen die Anhänger beider Mannschaften auf dem Schlossplatz einander im Jubeln. Auch wenn Portugal gewonnen hatte.

NIEDERLANDE 0 : 0 ARGENTINIEN

Vorrunde, 21. Juni 2006

Die größte Schar unter den Stuttgarter Anhängern des großen Favoriten Argentinien stellten neben den Mitgliedern des „Circulo Argentino Baden-Württemberg" die Mannschaft und das Umfeld des Fußballclubs „Argentino Deportivo", zu dessen Ehrenmitgliedern Diego Maradona gehört. Sie spielen in der Bezirksliga B und haben ihr Waldheim auf den Wangener Höhen. Viele der hiesigen Argentinos trafen sich während der WM im Landespavillon, während wir dem sonnigen Paar mit der sonnigen Fahne auf dem Schlossplatz begegneten. Man sieht es ihnen an, dass ihrer Mannschaft auch ein torloses Unentschieden reichen würde, um sich als Gruppensieger für das Achtelfinale zu qualifizieren. Entsprechend war sie denn auch ausgegangen, diese Begegnung in Frankfurt, deren höchstes Niveau in der Beibehaltung einer ausgeklügelten Taktik bestand. Das galt vor allem für die Argentinier. Erfreulicher war wenigstens der Anblick des niederländischen Spiels, das den Gauchos in der ersten Viertelstunde schwer zu schaffen machte. Zehn Minuten später gab es starken Beifall für die Argentinier, nachdem Riquelme durch eine tückisch direkt gezielte Ecke van der Saar zu einer Glanzleistung gezwungen hatte. Doch auch nach der Pause neutralisierten sich die Taktiker weiterhin gegenseitig. Nicht schön, aber auch nicht hässlich. Nur schrecklich fad. Hauptsache, man verliert nicht.

ELFENBEINKÜSTE 3 : 2 SER. MONTENEGRO

Vorrunde, 21. Juni 2006

Da beide Teams schon ausgeschieden waren, ging es nun bei heftigem Gewitterregen in München nur noch um die Ehre. Zu dieser zählte auch, dass die Mannschaft von Serbien & Montenegro ihr erstes Tor bei diesem Turnier erzielte. Das war in der zehnten Minute. Dem folgte schnell ein weiteres. Und noch immer schüttete es wie aus Kübeln. Der Rasen war schon aufgeweicht. Diffus war das Dämmerlicht und zugleich dramatisch durchstrahlt vom Flutlicht, worin die Regenströme glitzerten. Da griff Dudic mit der Hand nach dem Ball – Elfmeter. Die Spieler von Serbien & Montenegro waren so aufgewühlt wie das Wetter und bewegten sich unter einem wütenden Pfeifkonzert immer wieder regelwidrig an der Strafraumgrenze. Dindane schoss – als der Schiedsrichter abpfiff. Und im selben Moment ein gewaltiger Donnerschlag das Stadion erschütterte. Dindane wiederholte den Elfmeter – und behielt die Nerven. Das war in der 37. Minute. Nun setzten die Ivorer alles auf eine Karte und führten eine großartige Offensive, die auch nach der Halbzeitpause weiterging. Nach einigen vergebenen Chancen gelang ihnen aber erst in der 70. Minute der sehr verdiente Ausgleich durch ihren besten Mann Dindane. Die Ivorer erhöhten den Druck. Da griff Dudic wieder mit der Hand nach dem Ball. Erneuter Elfmeter. Kalou verwandelte ihn. Diesmal ohne Donnerschlag.

TSCHECHISCHE REPUBLIK 0 : 2 ITALIEN

Vorrunde, 22. Juni 2006

Kaum war der Nervenkrieg in Hamburg vorüber, setzte er sich für die Polizei in Stuttgart fort. Denn weil mit diesem Zittersieg die Italiener ins Achtelfinale gekommen waren, gab es für die vielen Tifosi kein Halten mehr. Jetzt musste ein Korso her. Da nun die Deutschen die Theodor-Heuss-Straße aber nicht zum Korso, sondern als Party-Meile nutzten, wollten es ihnen viele Italiener gleichtun, während andere aber eben dort ihren Korso fahren wollten. So dass sich die herrlich geschmückten Autos und die Fuß-Party-Gänger gegenseitig blockierten. Gejubelt wurde trotzdem. Und heftig gezecht.

GHANA 2 : 1 USA

Vorrunde, 22. Juni 2006

Auch wenn das Spiel in Nürnberg schwach gewesen war und die Ghanaer ihr Siegestor nur einem geschenkten Elfmeter in der Nachspielzeit zu verdanken hatten – am Ende stand eine Sensation. Denn nun ging es für die afrikanischen Debütanten gegen den Rekordweltmeister Brasilien ins Achtelfinale. Damit hatte niemand gerechnet. Dementsprechend war der Jubel auf dem Schlossplatz groß. Und weil dann später die Kroaten im Gottlieb-Daimler-Stadion wegen ihres Unentschiedens gegen Australien ihre Feierlaune verloren hatten, gehörte der Schlossplatz an diesem Abend nicht nur den Ghanaern, sondern allen Afrikanern.
Es war ein hartes Spiel. Schon bald hatten beide Seiten je eine gelbe Karte. Genauso ausgeglichen waren die Mannschaften auch in der Wucht ihrer gefährlichen Angriffe, bis nach 20 Minuten der ghanaische Führungstreffer fiel. Dabei war es so hart zugegangen, dass der US-Kapitän Reyna verletzt vom Platz humpeln musste. Zwar konnte sein Team noch kurz vor der Pause den Ausgleich erzielen, aber die Freude währte nicht lange, weil es in der Nachspielzeit der ersten Hälfte noch einen Foulelfmeter für die Ghanaer gegeben hatte. Ghana ging mit dem 2:1 in die Pause. Da die Schilderung der zweiten Hälfte eher dem Bericht über ein Rugby-Spiel ähneln würde, sei hier darauf verzichtet. Erstaunlich, dass es keine rote Karte gab.

JAPAN 1 : 4 BRASILIEN

Vorrunde, 22. Juni 2006

Heute war die „Seleção" als Gruppensieger ins Achtelfinale gezogen. Doch die Brasilianer taten sich gegen die schnellen Japaner in Dortmund zunächst sehr schwer. Zwar versuchten sie von Anfang an mit ihrem Zauberfußball in Führung zu gehen, doch wenn sie nicht an der durchdachten Verteidigung der Japaner scheiterten, dann an deren hervorragendem Tormann Kawaguchi. Ronaldo und Ronaldinho machten bald lange Gesichter. Auch Robinho erging es nicht besser. Schließlich gelang es dem Japaner Santos, seinen ungedeckten Kameraden Tamada mit einem Steilpass auf eine Reise zu schicken, an deren Ende Dida den Ball aus seinem Tor herausholen musste. Doch als sich die Japaner schon freuten, mit einer Führung in die Pause zu gehen, glich Ronaldo in der Nachspielzeit der ersten Hälfte noch aus. So grausam kann Fußball sein! Wird sich Japans Tormann Kawaguchi vielleicht gedacht haben, nachdem er zehn Minuten nach dem Wiederanpfiff das Führungstor der Brasilianer nicht verhindern konnte. Bald darauf schon erhöhte die „Seleção" ihre Führung. Nun war der Samba-Fußball endlich bei dieser Weltmeisterschaft angekommen. Die Brasilianer spielten die Japaner schwindlig und erhöhten noch kurz vor dem Abpfiff. So richtig zur Geltung gekommen war dieses Spiel auf dem Schlossplatz allerdings nicht. Was an den anderen Spielen dieses Tages lag.

KROATIEN 2 : 2 AUSTRALIEN

Pressekonferenz der Stadt Stuttgart im Rathaus

Vorrunde, 22. Juni 2006

Der Einladung waren folgende Persönlichkeiten gefolgt: Frau Vera Tadic, Generalkonsulin der Republik Kroatien, Peter Friend, Chief of Staff des Australischen Fußballverbandes, Zrinko Jurić, Betriebsleiter und Mitautor des Buches „Wir sind Stuttgart", John O'Neill, Geschäftsführer des Australischen Fußballverbandes, Gari Pavkovic, gebürtiger Kroate und Integrationsbeauftragter von Stuttgart, Geoff Rodoreda, Journalist und Mitautor des Buches „Wir sind Stuttgart" und Zorislav Srebic, Generalsekretär des Kroatischen Fußballverbandes. John O'Neill sagte, daß sechs Spieler des australischen Teams kroatischer Herkunft seien, drei in Australien Geborene gehörten zum kroatischen Team. 30.000 Fußballfreunde seien weit gereist, um eine große Party zu erleben. Er lobte die Deutschen: Sie haben sich selbst übertroffen". Zorislav Srebic vom kroatischen Fußballverband lobte die Nähe zum VfB: „Viele unserer Mitglieder waren beim VfB. Er war besser, als dort mehr Kroaten spielten".

OFFIZIELLER EMPFANG IM BADEN-WÜRTTEMBERG-HAUS

Geladen von DaimlerChrysler und dem Land Baden-Württemberg

Der stellvertretende Ministerpräsident Baden-Württembergs und Justizminister Prof. Dr. Ulrich Goll begrüßte mit Dr. Thomas Weber, Vorstandsmitglied der DaimlerChrysler AG, den australischen Außenminister Alexander Downer und den kroatischen Parlamentspräsidenten Vladimir Seks im Baden-Württemberg-Haus. Zu den Gästen gehörten auch 21 Kinder und jugendliche Patienten des Olga-Hospitals. Auch der als Vorzeigeunternehmer bekannte Wolfgang Grupp wurde gesehen. Möge seinen Trigema-Werken der Coup gelingen, Fußballtrikots mit eingearbeiteten Sollbruchstellen zu etablieren, so dass sich die Kicker endlich abgewöhnen, ihre Gegner am Hemd zu reißen. Ein Vorteil dieser Trikots wäre es wohl, dass ein solcher Hemdchenreißer mit dem abgerissenen Stück in der Hand ganz ohne Schiedsrichtersprechfunk vor aller Welt als Übeltäter dastünde. Auch Rolf Kahn war zu sehen, der Vater Oliver Kahns, der Jens Lehmann vor dem Elfmeterschießen gegen Argentinien so fair die Hand gedrückt hatte.

Ein australischer Künstler überrascht die Gäste mit Klängen aus dem Didgeridoo

Er sang „den Tod" in dem Musical Elisabeth in Stuttgart

Drei Grazien begrüßen die Gäste

Sportliche Einlage von Künstlern aus dem Europa-Park Rust

Magdalena Brzeska wird interviewt

Ulrich Goll im Gespräch mit Conny und Christa Winter

GOTTLIEB-DAIMLER-STADION STUTTGART

Kroatien : Australien

Wer hätte es für möglich gehalten, dass die Stimmung des letzten Spiels im Stadion noch steigerungsfähig war? Wer es nicht glaubte, wurde an diesem Abend eines besseren belehrt. Das lag vermutlich auch daran, dass es für die Kroaten ein Endspiel war. 30.000 von ihnen waren ins Stadion gekommen, die Australier waren um die Hälfte weniger. Weil sie sozusagen um ihr Leben spielen mussten, begannen die Kroaten schnell und aggressiv. Entsprechend wehrten die „socceroos" ab, so dass die Kroaten in der 2. Minute einen Freistoß erhielten, den Darijo Srna über die Mauer ins Netz der Australier zirkelte. Von nun an erhöhte sich der ohnehin schon mächtige „Lärm" im Stadion gewaltig. So sollte es denn auch das gesamte Spiel hindurch bleiben. Bengalische Feuer wurden entflammt. Zwar ohne Feuer, aber genauso lautstark töste es in der 38. Minute, nachdem Craig Moore mit einem Elfmeter ausgeglichen hatte. Zehn Minuten der zweiten Halbzeit waren vergangen, als Niko Kovac die Führung erzielte. Das schüchterte die „socceroos" nicht ein. Ihre glänzende Gegenoffensive führte nach 20 Minuten zum erneuten Ausgleich. Das steigerte nur den Stimmenorkan. Nun ging es Schlag auf Schlag: Platzverweis für Dario Simic – weitere Steigerung des Stimmenorkans. Platzverweis für Brett Emerton – weitere Steigerung des Stimmenorkans. Australisches Tor in der Nachspielzeit und dessen Nichtanerkennung – weitere Steigerung des Stimmenorkans. Platzverweis für Josip Simunic – alle Steigerungen stürzten ineinander und schwappten über das Zeltdach hinaus, so dass die Blätter der Pappeln am Neckar fröstelnd auf- und niederrauschten.

Trotz schärfster Kontrollen gelingt es den kroatischen Fans, bengalisches Feuer ins Stadion zu schmuggeln

38. Minute: Foul, Elfmeter, Tor!

Pärchenbildung im Strafraum

KROATIEN 2 : 2 AUSTRALIEN

Vorrunde, 22. Juni 2006

Für die kroatischen Fußballfreunde war es ein Heimspiel, das da am Abend angepfiffen werden sollte, doch schon seit dem Morgen brodelte die Stadt von Schachbrettmustern, die sich am Nachmittag beim Königsbau und auf der Terrasse des Kunstmuseums konzentrierten. „U boj, u boj, za Narod zvoj" skandierten die Kroaten, „in den Kampf für Deine Heimat". Und die Australier hielten dagegen: „You're red, you're white – you're going home tonight". In diesen Zweikampf der Schlachtgesänge mischte sich der Jubel vom Schlossplatz herüber, wo 15.000 Italiener die Tore ihrer „squadra azzurra" gegen Tschechien ziemlich heftig feierten. Überwölbt wurde das alles von nicht wenigen Ghanaern und anderen Afrikanern, die auch alle sehr viel zu jubeln hatten. Und ganz nebenbei noch das gewohnte Werktagstreiben in der Innenstadt. Nach Feierabend füllte sich der Schlossplatz, Überstunden für die Polizei. Die Stimmung stieg wie der Druck in einem Dampfkochtopf. Als das Spiel dann endlich begann, hob ein Getöse an, das bis zum Abpfiff währen sollte bzw. nach dem Abpfiff nur mehr noch australisch klang. Und so, wie auch im Stadion, brannten die Kroaten vor den Videowänden bengalische Feuer ab. Und so, wie auch im Stadion, erschallten wechselseitig Schreckensrufe, Freudenchöre, Schreckensrufe – so ging es hin und her. Entsetzen und Entzücken schnellten wie unsichtbare Blitze durch die Luft, am Ende herrschten Wut und Siegesjubel. So erschüttert wie die Kroaten hatte man bisher noch keine Fußballfans gesehen. Mit hängenden Köpfen und stumm. Gerade dass sie noch die Kraft besaßen, den Schlossplatz schnell zu räumen. Nun gehörte den Australiern die Nacht.

Was wie der Sturm auf die Bastille aussieht, ist der Freudentanz der Australier

Eine Pyramide der Freude

Spät ist es geworden, ab ins Hotel

Ein rot-weißes Farbenmeer mit Kroaten, die fest an ihren Sieg glauben

Das darf nicht wahr sein!

In „letzter Minute" ausgeglichen

DIE WELTREISE DER VIER AUSSIES

Die Fans der Australier sind um den halben Erdball geflogen, um ihr Team bei der Partie gegen Kroatien in Stuttgart anzufeuern. Am 22. Juni hüpfen die Kängurus durch die Stadt: Die Anhänger der Aussies schwenken überall auf der Königstraße und auf dem Schlossplatz ihre aufblasbaren Plastikkängurus – keine anderen Fußballfans nehmen die WM so locker und sich selbst so gerne auf die Schippe, wie die Fans vom fünften Kontinent. Gemeinsam mit tausenden von Landsleuten sind Tina, Magdalena, Stan und Ivica von Australien nach Stuttgart gereist, um einmal die Atmosphäre während einer Weltmeisterschaft mitzuerleben.

Am Tag, als abends das entscheidende Spiel um den Einzug ins Achtelfinale steigt, frühstücken die vier Freunde in einem Stuttgarter Café und erzählen von ihrer Deutschlandreise während der WM. Dabei wäre ihr Traum vom großen Partyspektakel in Deutschland beinahe schon am Flughafen von Sydney geplatzt. Vor dem Abflug am 8. Juni hatten sich die Freunde in der Flughafenbar verplaudert: „Plötzlich sah ich auf die Uhr, und es waren nur noch 20 Minuten bis zum Start", erzählt Ivica. In letzter Minute checkten die vier ein. Der Flug über Kuala Lumpur und Wien nach Berlin dauerte 22 Stunden. An Bord saßen zahlreiche australische Fans: „Seit wir uns für die WM qualifiziert haben, ist im Land das Fußballfieber ausgebrochen", erzählt Magdalena.

Ihre ersten WM-Tage verbrachte das Quartett in Berlin, und Stan lernte in dem Apartment, das die Freunde gemietet hatten, seine erste Vokabel im Berliner Dialekt: „Prenzlbörg – dort haben wir geschlafen". Auf der Berliner Fanmeile trommeln die Australier gemeinsam mit einer Gruppe von brasilianischen Fans und feiern mit hunderttausenden von deutschen Anhängern. Doch im Gegensatz zu vielen anderen Fußballfans wollten die Australier in der Hauptstadt nicht nur die Spiele und die Partys genießen: „Wir haben uns den Reichstag angesehen und waren mit einer Bootstour auf der Spree unterwegs", erzählt Magdalena. Deutschland ist für die Australier ein teures Land, weil der Euro gegenüber dem australischen Dollar in diesem Sommer so stark ist. Die Europatournee zur Weltmeisterschaft kostet jeden von ihnen rund 3.000 Euro. „Doch das ist die Reise wert", sagt Tina, die gemeinsam mit ihren Freunden bereits die Olympischen Spiele in Sydney genossen hat: „Die Atmosphäre hier bei der WM ist einzigartig".

Nach einer Woche in der Hauptstadt ging es für die Australier am 14. Juni mit dem Billigflieger weiter nach Stuttgart. Und schon einen Tag später lagen sich Stan und Ivica in einem Internetcafé in den Armen. Ivica hatte eine E-Mail von der FIFA bekommen – eine Zusage für zwei Tickets für das Spiel Argentinien gegen Serbien & Montenegro in Gelsenkirchen. Für Stan und Ivica, die beide in Serbien geboren wurden, sollte das Spiel eigentlich der erste Höhepunkt während der Weltmeisterschaft werden. Doch dann ging Serbien & Montenegro gegen die Südamerikaner mit 0:6 unter – und Ivica hatte auch noch einen Tag später an seinem Geburtstag schlechte Laune. Gut, wenn man als Fan bei der Weltmeisterschaft gleich mehreren Mannschaften die Daumen drücken kann. Und so fiebern die Australier der Partie ihrer Mannschaft gegen die Kroaten in Stuttgart entgegen. Am Spieltag sind die verschwitzten Fantrikots der vier wieder frisch gewaschen, und die Tickets für die Begegnung um 21 Uhr liegen bereit.

Die Luft aus den Kängurus gelassen

Als die vier abends im Stuttgarter Gottlieb-Daimler-Stadion ankommen, diskutieren viele ihrer Landsleute bereits aufgeregt mit dem Sicherheitspersonal. Die mitgebrachten Kängurus auf dem Rücken der Fans sind den Sicherheitskräften zu groß, und so wird dem Wappentier der „socceroos" erst einmal die Luft abgelassen, bevor zerknautscht schließlich doch mit hinein darf ins Stadion.

Die jungen Australier sind dabei nicht die ersten, die bei dieser Weltmeisterschaft die schwäbische Gründlichkeit am Eingang des Stadions zu spüren bekommen. Dort läuft alles streng nach WM-Hausordnung, die von der FIFA aufgestellt wurde. Ein Novum in der Fußballgeschichte. Erstmals hat der internationale Fußballverband nicht nur die Stadien und Veranstaltungsflächen der Fanfeste besetzt, sondern auch gleich noch das Hausrecht übernommen. Die FIFA-Ordnung regelt beispielsweise, wie groß die Fahnen und wie lang deren Stiele sein dürfen. Vor allem geht es darin aber um den Schutz der Sponsoren und Förderer der Weltmeisterschaft, die der FIFA zusammen 700 Millionen Euro hingeblättert haben.

Was das im Einzelfall bedeutet, bekommen an diesem Tag vor allem auch die kroatischen Fans zu spüren. Sie schaffen es zwar, einige bengalische Fackeln an den Ordnern vorbei ins Stadion zu schmuggeln und sie dort abzubrennen. Ihre rot-weißen Fanzylinder und Plastikhände müssen sie aber abgeben – wobei so manche Kinderträne fließt. „Ozujsko" und „Karlovacko" steht auf den Hüten und Händen, kaum lesbar zwar, aber laut FIFA-Statut verboten. Nur die weiblichen Anhänger dürfen ihre T-Shirts anbehalten, die auch mit den Namen der beiden kroatischen Brauereien bedruckt sind.

Der Stimmung auf den Rängen kann die gestrenge Türpolitik aber kaum etwas anhaben, im Gegenteil: Das Vorrundenspiel zwischen Kroatien, dessen Team mit drei ehemaligen Australiern aufläuft, und den „socceroos, die gleich acht ehemalige Kroaten im Kader haben, wird zu dem zweifellos packendsten Abend im Stuttgarter Gottlieb-Daimler-Stadion. Vor allem die Australier begeistern auf dem Platz mit unbändigem Willen, erfrischendem Offensivfußball und sprichwörtlichem Kampfgeist bis zur letzten Spielminute. 2:2 heißt es am Ende auf den Anzeigetafeln, und Australien steht damit erstmals in einem WM-Achtelfinale.

Entsprechend ausgelassen fällt die Feier der Australier nach dem Schlusspfiff aus, die den Hexenkessel in ein wahres Tollhaus verwandeln. Und als die Nationalspieler mit dem Aussie-Hit „down under" aus der Kabine zurück auf die Tartanbahn geholt werden und dort dann zur Musik der australischen Kultband AC/DC in Strümpfen ihre Ehrenrunden drehen, droht das Stadion vollends abzuheben. Tina, Magdalena, Stan und Ivica feiern ausgelassen mit ihren Landsleuten – sie schwenken ihre Fahnen und die Bierbecher – und auf ihren Rücken sitzen die Kängurus, die sie längst schon wieder aufgeblasen haben.

SAUDI-ARABIEN 0 : 1 SPANIEN

Vorrunde, 23. Juni 2006

Ein letztes Mal sind wir an diesem Nachmittag Rana und ihrer Schwester Nisrin aus Palästina auf dem Schlossplatz begegnet. Oder besser gesagt: Ein letztes Mal sind wir ihnen mit der saudi-arabischen Flagge begegnet. Denn wenn auch die Beduinensöhne wieder nach Hause fahren mussten, war für die beiden diese Weltmeisterschaft noch lange nicht zu Ende. Und was dieses Spiel selber betrifft, so waren sie der Meinung, dass die Araber ein besseres Bild abgegeben hätten als die Spanier. Das mögen sie vielleicht ein wenig zu sehr durch ihre grüne Brille gesehen haben. Denn immerhin spielten die Spanier ja nur mit ihrer B-Mannschaft, um die anderen Spieler für künftige Taten zu schonen. Und hatten in der ersten halben Stunde eine ganze Reihe guter Chancen, bis dann Juanito in der 36. Minute einen wuchtigen Kopfball im Netz der Araber versenkte. Diese kamen erst in der 42. Minute zu ihrem ersten gefährlichen Torschuss und hatten es alleine ihrem hervorragenden Torhüter Mabroud Zaid zu verdanken, dass sie nicht kurz vor der Pause noch ein Tor kassierten. Dafür hatten sie dann in der 57. Minute ihre erste wirklich gute Chance. Der spanische Tormann Canizares musste zweimal hinlangen, um den scharfen Weitschuss von Sulimani richtig zu fassen. Zwei weitere gute Chancen hatten die Araber noch vor dem Schlusspfiff – konnten aber am Ergebnis nichts mehr ändern.

UKRAINE 1 : 0 TUNESIEN

Vorrunde, 23. Juni 2006

Das Berliner Olympiastadion war ausverkauft. Und wenn auch der Anhang beider Mannschaften weit weniger zahlreich gewesen wäre als etwa die schwedischen oder die kroatischen Fans früherer Spiele, brachten sie ihre heftigen Gefühle durchaus zu Gehör. Bei den Adlern aus Karthago waren es Trommeln und Trompeten, die an Siegesfeiern aus Hannibals Zeiten denken ließen, während die Ukrainer die Bässe stimmgewaltiger Chöre in Erinnerung riefen, die mit den Namen noch gewaltigerer Ströme aus diesem Tiefland verbunden sind. Solchen Tönen aber gar nicht entsprechend hielten sich die Spieler zunächst einmal zurück. Als sie sich nach einer halben Stunde noch immer nicht so recht bewegen wollten, verlegten sich die gelangweilten Zuschauer auf die Hervorbringung gewisser Wellen, deren Name schon jedem Schulkind geläufig ist. Der einzige Höhepunkt der ersten Halbzeit war eine gelb-rote Karte, die sich der Karthager Jaziri in der Verlängerung dieser Halbzeit verdiente. Er hatte es – wohl im Übermut über die bevorstehende Pause – tatsächlich mit einem ersten Zweikampf versucht und dabei nicht den Ball, sondern seinen Gegenspieler erwischt. Weil er aber bereits wegen einer Schwalbe im Besitz einer gelben Karte war, musste er nun zum Pausenbeginn in der doppelten Bedeutung des Wortes vom Platz. Ach ja, und in der 70. Minute schoss Shevchenko ein Tor.

TOGO 0 : 2 FRANKREICH

Vorrunde, 23. Juni 2006

Verrückte Fußballwelt! Mit ihrem ersten Sieg in dieser Vorrunde hatte sich das so hoch favorisierte Frankreich an seinem heutigen letzten Gruppenspieltag mit knapper Not für das Achtelfinale qualifizieren können. Und selbst dieser zweite Gruppenplatz war noch bis zur zehnten Minute der zweiten Halbzeit eher unwahrscheinlich. Entsprechend litten die eh schon strapazierten Anhänger der „equipe tricolore" auf dem Schlossplatz.

Derweil die gehobeneren Angehörigen der Grande Nation samt ihren deutschen Gästen im Institut Français bei Couscous mit Hühnchen und Rosé unter den Klängen des Oldie-Barden Michel Polnareff nicht ganz so leiden mussten. Ihre Freude über das in der 55. Minute durch Vieira endlich erzielte Führungstor war nicht weniger groß als die ihrer Landsleute da unten auf dem harten Schlossplatz. Dort befanden sich auch ziemlich viele Afrikaner – samt ihren deutschen Sympathisanten. Während man im Institut Français nur einen Anhänger der Mannschaft aus Togo gesehen hatte. Eigentlich wenig für eine ehemalige französische Kolonie. Wie dem auch sei – gute fünf Minuten später erhöhten die Franzosen ihre Führung und lehnten sich von da an bis zum Schlusspfiff zurück. Das konnte die Togolesen auf dem nächtlichen Schlossplatz aber nicht davon abhalten, mit den Nachfahren ihrer einstigen Kolonialherren zu feiern.

SCHWEIZ 2 : 0 REPUBLIK KOREA

Vorrunde, 23. Juni 2006

Dass sich die Schweiz durch diesen Sieg in Hannover vor Frankreich noch als Gruppensieger hatte qualifizieren können, dürfte manchen Eidgenossen mit jenem Unentschieden gegen die „Bleus" im Gottlieb-Daimler-Stadion versöhnt haben. Diesen Eindruck konnte man auf dem Schlossplatz haben, als nach dem Abpfiff das Feiern begann. Doch feierte man auch schon vor dem Anpfiff. Und zwar ziemlich kräftig. Denn da heizte DJ Bobo den Schweizern ein. Natürlich auch den zahlreichen Südkoreanern, die später dann bei der Übertragung als Erste Grund zum Jubeln bekamen. Denn die ersten zehn Minuten dieses Spiels gehörten den „Roten Teufeln". Doch dann wachten die Eidgenossen auf und gingen in die Offensive. Dafür wurden sie in der 23. Minute durch das Führungstor belohnt. In der Nachspielzeit der ersten Hälfte vereitelte ihr Tormann den Ausgleich der Südkoreaner, deren Anhängern auf dem Schlossplatz angesichts der Glanzparade Zuberbühlers ein kollektiver Seufzer entwich. Grund zu solchen Tönen hatten in der zweiten Halbzeit die Schweizer, als ihr Defensivmann Senderos stürzte und danach mit einer schweren Armverletzung vom Platz getragen werden musste. Das Spiel ging ohne Höhepunkte ausgeglichen hin und her, bis die Schweizer zehn Minuten vor dem Abpfiff durch Frei ihre Führung erhöhen konnten. Bald danach wäre ein DJ Bobo wahrlich überflüssig gewesen.

DEUTSCHLAND 2 : 0 SCHWEDEN

Achtelfinale, 24. Juni 2006

Natürlich hatte nur die ganze Mannschaft dieses Spiel gewinnen können, aber einen Tagessieger gab es doch. Der hieß Lu-kas Po-dols-ki. Denn dass Miro Klose und Prinz Poldi derart schnell in einem solch rasanten Aufwasch das schwedische Geschirr entsorgen würden, hatte wohl niemand gedacht. Und dass die Schweden nicht mit mehr als doppelt so viel Toren in die Halbzeitpause gehen mussten, hatten sie allein dem Pech der Deutschen – ganz besonders dem von Ballack – und dem Können ihres Tormanns zu verdanken. Nur zu Beginn der zweiten Hälfte gab es eine eiskalte Dusche für die Fans. Die war ein Foulelfmeter, den der Schwede Larsson aber verschoss. Von dieser einen Schrecksekunde abgesehen war das gesamte Spiel ein einziges Siegesfest für die 75.000 Menschen auf und um den Schlossplatz, der wegen Überfüllung schon eine halbe Stunde vor dem Anpfiff gesperrt werden musste. Und noch einen anderen Sieg erlebten die Stuttgarter Fußballfreunde: Die Stadtverwaltung zeigte Verständnis für die beim letzten Spiel bereits erwähnte, basisdemokratische Straßenverkehrsregelungsweise ihrer Bürger und hatte die Theodor-Heuss-Straße gleich nach dem Abpfiff für das große Fest absperren lassen. Die Autokorsos mussten andere Strecken fahren. Und auf der neuen Party-Meile ging es dann hoch her. Die einen bekletterten Laternenpfähle und badeten beim Friedrichsbau im Brunnen, andere kühlten sich in einem abgesperrten Straßentunnel. Man feierte bis in den Sonntagmorgen hinein.

Gruppenbild der Optimisten

Freie Sicht in der ersten Reihe

Erfolg macht glücklich

Tooooor!

Gleich umarmt sich der ganze Schlossplatz

Mann, sind wir gut

Wo gibts jetzt was zu trinken?

Schwedischer Optimismus

Gemeinsamer Jubel

Vom Schlossplatz über die Bolzstraße zum Palast der Republik

Die Polizei lässt die Fans...

...in Richtung Theodor-Heuss-Straße ziehen...

...dabei müssen alle durch den Tunnel. Die erste unterirdische Demo!

ARGENTINIEN 2 : 1 MEXIKO

Achtelfinale, 24. Juni 2006

Während Stuttgart heute Abend wegen Poldi aus dem Häuschen war, ging es für die Mexikaner um alles oder nichts. Deshalb heizten sie den Argentiños beim Spiel in Leipzig gleich so ein, dass sie bereits nach fünf Minuten führten. Doch mit der Fiesta Mexicana war es schon wenige Minuten später vorbei. Dann wogte es so ausgeglichen hin und her, dass das starke Spiel am Ende unentschieden blieb. Auf dem Schlossplatz und in der Cantina beim Stadtgarten hoffte man nun auf die Verlängerung. Die brachte auch eine Entscheidung – durch ein Weltklassetor der Argentinier. Sie waren nun der nächste Gegner der deutschen Mannschaft.

PORTUGAL 1 : 0 NIEDERLANDE

Achtelfinale, 25. Juni 2006

Während sich die Finalträume deutscher Fußballfans gefestigt hatten, begann für die fröhlichen Oranjes von Stuttgart die Stunde der Wahrheit. Die begann ziemlich stürmisch und grob. Und sollte noch viel ruppiger werden. Als dann endlich der verdiente portugiesische Treffer fiel, fühlten sich die Niederländer um den Schlossplatzbrunnen wohl ein wenig wie vor einer Sturmflut. Die ließ zwar noch vor der Pause nach, als der erste Portugiese vom Platz gestellt wurde. Schließlich wurde der Kampf heftig, dass am Ende beide Teams nur noch zu neunt vom Platz gingen. Jetzt begann der stille Heimweg der Oranjes.

ENGLAND 1 : 0 ECUADOR

Pressekonferenz der Stadt Stuttgart im Rathaus

Achtelfinale, 25. Juni 2006

Die folgenden Persönlichkeiten waren der Einladung des Oberbürgermeisters Dr. Wolfgang Schuster gefolgt: SE Sir Peter James Torry, Botschafter des Vereinigten Königreichs Großbritannien und Nordirland in Deutschland, Stephan Thomas, Leiter des britischen Polizeieinsatzes während der WM in Deutschland, SE Horacio Hernan Sevilla Borja, Botschafter der Republik Ecuador, Elizabeth Krüger de Schaal, Vorsitzende der Asociasión Ecuatoriana e.V. Baden-Württemberg. Der britische Botschafter lobte die Dynamik und das Tempo des wirtschaftlichen Wachstums in Stuttgart. Besonders beeindruckt zeigte er sich von der Initiative einer gemeinsamen Fahrt englischer und deutscher Fußballfreunde nach Dachau. Im Gegensatz zu anderen Ländern betreibe Deutschland die Aufarbeitung der Vergangenheit sehr intensiv. Das würde überall in der Welt positiv wahrgenommen. Der Botschafter der Republik Ecuador hob hervor, dass sich die Handelsbeziehungen beider Länder erweitert hätten.

OFFIZIELLER EMPFANG IM BADEN-WÜRTTEMBERG-HAUS

Geladen von DaimlerChrysler und dem Land Baden-Württemberg

Der britische Europaminister Geoffrey Hoon trug sich beim Empfang in das Gästebuch des Landes ein. Zuvor wurde er neben SE Sir Peter James Torry, Botschafter des Vereinigten Königreichs und SE Horacio Hernan Sevilla Borja, Botschafter der Republik Ecuador von Ministerpräsident Günther H. Oettinger und Bodo Uebber, Vorstandsmitglied der DaimlerChrysler AG, begrüßt. Die Bewirtung oblag dem Kulinaristik-Forum des Landes unter der Leitung des Sternekochs Harald Wohlfahrt. Zugestimmt wurde einer Pressemitteilung des Oberbürgermeisters Dr. Wolfgang Schuster, wonach „Stuttgart mit dem Schlossplatz das schönste Fest in ganz Deutschland" habe. Der britische Sportminister Richard Cabon wünschte sich für sein Land, so geringe Probleme mit Hooligans zu haben wie Deutschland bei dieser WM. Für Erheiterung sorgte auch diesmal eine Rundfahrt mit dem ersten Automobil.

Dr. Stefanie Schuster und OB Dr. Wolfgang Schuster, Dr. Dieter Zetsche (Vorstandsvorsitzender der DaimlerChrysler AG), Dr. Fritz Oesterle

Ursula Hoffmann im Gespräch mit Hansi Müller und Ralf Rangnick

Rolf Rüssmann, Ursula Hoffmann und Boris Becker beim Fachsimpeln

Die Schüler des Kulinaristik-Forums mit den bekannten Tatort-Kommissaren

SWR-Intendant Peter Voß mit Gattin

Boris Becker bekommt von Claudia Frischauf den WM-Ball überreicht

Ema Ndoja, Prof. Kurt Weidemann, Christiane und Hartmut Schick

Dr. Wieland Backes

Dietz-Werner Steck mit seiner Frau Hanna Steck

GOTTLIEB-DAIMLER-STADION STUTTGART

England : Ecuador

Eine schwüle Hitze lastete über den 52.000 größtenteils britischen Zuschauern, die von ihrer Heimat frische Seeluft gewohnt waren. Der Mangel an dieser mag vielleicht der Grund für das schwache Spiel der Engländer gewesen sein. Aber auch die hitzegewohnten Ecuadorianer machten kein feuriges Spiel. Entsprechend war die Stimmung auf den Rängen. Aufgeschreckt aus dieser Lethargie wurden die Fans von der Insel allerdings in der elften Minute, als die Engländer vor ihrem eigenen Strafraum einen Ball verschusselten. Den erlief sich Carlos Tenorio und tauchte völlig frei vor dem englischen Keeper auf. Der warf sich auch noch in die falsche Ecke. Doch der Schuss Tenorios prallte gegen das Knie des herbeigeeilten Cole und knallte gegen die Latte. Weil dies für einige Zeit der einzige Höhepunkt gewesen war, sangen die englischen Fans ihre

Nationalhymne. Und als diese auch nicht half, erschallte ein fürchterliches Pfeifkonzert. Die erste Viertelstunde der zweiten Hälfte wurde auch nicht besser. Erst in der 60. Minute versöhnte David Beckham seine Fans mit einem Freistoß, den er gekonnt ins Tor der Ecuadorianer schlenzte. Nach einem misslungenen Konter zeigten diese keinen besonders großen Willen mehr, das Ruder herumzureißen. Und die Hitze tat ein übriges. Beckham wurde ausgetauscht. Noch ein paar Tricks des eingewechselten Lennon, dann ertönte der Schlusspfiff.

Vor jedem Spiel findet ein Rennen um die besten Fahnenplätze statt

Die Engländer schmettern lautstark die Nationalhymne – die Kinder schauen verdutzt drein

David Beckham schießt das Siegtor

ENGLAND 1 : 0 ECUADOR

Achtelfinale, 25. Juni 2006

Mittags, Ecke Königsbau, 35 Grad im Schatten, „England till I die". Ein Becher Bier in einem Zug, „England till I die". Ein zweiter Becher, „no surrender". Der Junge, der dieses alte Kriegslied sang, konnte kaum einer jener Hooligans gewesen sein, die in den beiden Nächten zuvor die Gemüter erschreckt hatten. Denn die waren, wenn nicht heimgeschickt, an diesem Sonntag hinter Gittern. Ein dritter Becher Bier. So schnell getrunken wie wieder herausgeschwitzt unter der britischen Fahne, die der Junge über seinen Schultern trug. Zwei andere trugen Ritterrüstungen, die an eine Verfilmung von „Prinz Eisenherz" erinnerten. Sie gehörten zu den 35.000 englischen Fans, die auf die Übertragung warteten, während sich von der Alb her eine Gewitterfront auf Stuttgart zubewegte.

Ecuadorianische Fans in den Nationalfarben Gelb-Blau-Rot sah man ebenfalls in der Stuttgarter Innenstadt. Auch sangen sie, doch weniger martialisch: „sie se puede", wir schaffen es. Womit sie vielleicht auch gemeint haben könnten, sich angesichts der überwältigenden Überzahl englischer Schlachtenbummler ein Eckchen vor der Großleinwand auf dem Schlossplatz zu sichern. Wo um 17 Uhr die Übertragung begann. Und es ertönte „God save the Queen". Doch besonders begeistert waren die englischen Fans nicht, bis David Beckham die Herzen befreite. Nun brach ein Jubel aus, der fast schon Oranje-Qualitäten besaß. Und sich nach dem Abpfiff auch noch steigerte. Man feierte, bis das Gewitter kam.

Ca. 500 englische Fans schauen sich das Spiel vom Königsbau aus an

Moderne Inselritter mit Sonnenbrille und Bier...

...Mützen...

...und Irokesenschnitt

Die englischen Fans glauben immer an den Sieg und sind allzeit bereit zum Jubeln

Ecuador einmal vor England

Und hier ganz oben

Ja, wir haben viel zu erzählen

Deutsche Fans bedrängen die Engländer...

...die sich auf den Stufen des Königsbaus verschanzen

Die Polizei drängt die deutschen Fans Richtung Theodor-Heuss-Straße ab

Im ständigen Wechsel von Sitzblockade und Vorrücken der Polizei...

...bewegt sich der Tross langsam voran

Die Einsatzkräfte stehen zum Eingreifen bereit

Die englischen Fans werfen mit Plastikstühlen auf die Polizei

Gegen Mitternacht werden alle 500 Engländer verhaftet und weggefahren. Zwei davon bleiben in Haft

HARSH DUDE!
GOOD LUCK
COSTA BOYS

ALS STUTTGART IN DEN SPÄTNACHRICHTEN WAR

Das Unheil nimmt seinen Lauf, als Lukas Podolski das zweite Tor für Deutschland schießt. „Ohne England fahrn wir nach Berlin", skandieren die deutschen Schlachtenbummler auf der Stuttgarter Königstraße – und die Antwort kommt ihnen in Form von Plastikstühlen und Bierflaschen entgegengeflogen. Im Laufe des Achtelfinalspiels zwischen Deutschland und Schweden heizt sich die Stimmung vor dem Königsbau an diesem 25. Juni immer mehr auf. Dort stehen in der brütenden Mittagshitze einige hundert Briten. Für das Spiel, das auf der großen Leinwand am Schlossplatz läuft, interessiert sich keiner mehr von ihnen – und eine Reporterin des Senders BBC weiß auch warum: Die Engländer mögen es nicht, wenn Deutschland gewinnt.

Stuttgart hat sich bis zu diesem Zeitpunkt an den friedlichen Feiern von Fußballfans aus aller Welt berauscht. Doch an diesem Wochenende prägen nicht mehr nur bunte Fahnen und fröhliche Gesichter das Bild von der WM – es sind auch Bilder von gepanzerten Eliteeinheiten der Polizei und von randalierenden Fans, die von Fernsehsendern in alle Welt übertragen werden. 650 englische Fans führt die Polizei an diesem Wochenende einzeln ab, etliche von ihnen verlassen Stuttgart wesentlich später als geplant. Ihnen wird wegen gefährlicher Körperverletzung vor dem Amtsgericht der Prozess gemacht, die Zeit bis zum Urteilsspruch verbringen sie in Untersuchungshaft.

Doch es sind nicht nur die britischen Fans, die Schuld daran tragen, dass Stuttgart in den Geschichtsbüchern der WM 2006 ein eigenes und unrühmliches Kapitel schreibt. Als an diesem Viertelfinal-Samstag feststeht, dass Deutschland in die nächste Runde einzieht, schlagen vor dem Königsbau in beiden Lagern die Emotionen hoch. Deutsche und englische Fans provozieren sich gegenseitig mit Gesängen und beschimpfen sich, die Situation droht zu eskalieren. Draußen vor dem Königsbau schlägt die Stunde der Zündler. Immer wieder schleudern einige Unbelehrbare volle Bierflaschen ins gegnerische Lager, immer wieder provozieren junge Schläger die Polizisten und rempeln einander an. Das Bier, das viele von ihnen an diesem Tag bereits literweise getrunken haben, befeuert die aggressive Stimmung zusätzlich.

Ein Wochenende im Gefängnis

Mit Hilfe englischer Polizisten und Fanbetreuer unternehmen die Einsatzkräfte einen allerletzten Versuch, die Gäste von der Insel zum Abzug zu bewegen. Als dieser scheitert, riegelt eine Eliteeinheit der Polizisten den Königsbau von der restlichen Innenstadt ab und räumt ihn. Von den Balkonen des Marquardtbaus aus filmen britische Kamerateams jene Szenen, die noch am selben Abend überall in den Spätnachrichten zu sehen sind. Die Botschaft: Randale in Stuttgart, eine Innenstadt als Hochsicherheitstrakt. Der Schlossplatz gleicht inzwischen einem Scherbenhaufen, durch den sich später die Straßenkehrer kämpfen. Mittendrin im Chaos stehen Tim und Dan, zwei britische Fans aus London, und verstehen die Fußballwelt nicht mehr: „Wir wollten hier nur feiern und Bier trinken. Aber wenn man von so einem Polizeiaufgebot empfangen wird, ist es kein Wunder, wenn die Lage eskaliert", sagt der 28 Jahre alte Dan und fügt sarkastisch hinzu: „Danke, Stuttgart, für diesen Empfang". Doch zu diesem Zeitpunkt hat die Polizei längst keinen Sinn mehr für britischen Humor. Die Fans sind eingekesselt, und die Spezialkräfte ziehen nun einen Fan nach dem anderen aus diesem Ring heraus. Im Neuen Schloss steht wenig später der Polizeipräsident Siegfried Stumpf und zieht nach einem Rundgang durch die Innenstadt die erste Schreckensbilanz des Tages. Weil die Zellen im Stuttgarter Polizeipräsidium längst nicht mehr ausreichen, müssen die Engländer jenseits der Straße in einen Parkkäfig gesteckt werden, wo sonst die Autos von Tatverdächtigen gesichert werden. Die englische Boulevardpresse berichtet angesichts meterhoher Stacheldrahtzäune und greller Scheinwerfer später von Verhältnissen wie in einem Kriegsgefangenenlager. „Wir wussten nicht mehr, wohin mit ihnen", rechtfertigt der Stuttgarter Polizeipräsident das Vorgehen.

Und das liegt auch daran, dass es an diesem Wochenende schon früher zu Auseinandersetzungen gekommen ist: Bereits in der Nacht von Freitag auf Samstag hatten mehr als hundert Engländer in der Stadt randaliert. Die Staatsgewalt hatte sich auf diese Situation vorbereitet. Fünf Richter des Amtsgerichts Bad Cannstatt waren bereits vorsorglich benachrichtigt worden. Sie befassten sich bereits in den frühen Morgenstunden mit den Tatvorwürfen. Diese lauteten in vielen Fällen auf Körperverletzung und Beamtenbeleidigung. Fast alle festgesetzten Fans mussten das gesamte Wochenende in deutschen Gefängnissen verbringen.

Am Sonntag, als England im Gottlieb-Daimler-Stadion zum Achtelfinalspiel gegen Ecuador antritt, liegt der Schlossplatz schon früh am Morgen unter einer schwülwarmen Dunstglocke. In den Cafés an der Bolzstraße frühstücken die englischen Fans Bier, eine Kellnerin schüttelt fassungslos den Kopf: „Die haben teilweise schon morgens um neun Uhr den ersten Liter geleert." Auf den Treppen vor dem Königsbau nehmen einige hundert Anhänger Aufstellung und singen: „football's coming home." Am Nachmittag machen sich mehr als 30.000 englische Fans zum Gottlieb-Daimler-Stadion auf, später feiern die Briten ihre Königin, David Beckham und den knappen 1:0-Sieg ihrer Mannschaft.

Und plötzlich kehrt mit dem Schlusspfiff die Heiterkeit zurück in die Stadt. Auf dem Schlossplatz liegen sich die Fans in den Armen. Eine Gruppe von Briten zeigt das wahre Gesicht ihres Landes und verabschiedet sich per Handschlag von den Fußballfans aus Ecuador. Dann kühlt ein sintflutartiger Regen auch die letzten erhitzten Gemüter. Aus Sicherheitsgründen schalten die Veranstalter die Großleinwände ab und schließen das Fanfest nach einer Unwetterwarnung. 2.000 britische Fans vor dem Königsbau schreckt auch das nicht, sie skandieren auch im Stuttgarter Platzregen ihre Schlachtgesänge.

Doch Tausende zieht es noch am selben Abend weiter: Am Hauptbahnhof, auf den Busparkplätzen und am Flughafen herrscht Hochbetrieb. Wie ein böser Spuk erscheinen vielen da schon die Vorfälle vom Vortag, als Stuttgart in den Spätnachrichten war.

ITALIEN 1 : 0 AUSTRALIEN

Achtelfinale, 26. Juni 2006

Mehr als 15.000 italienische Fans hatten sich auf dem Schlossplatz eingefunden, um dabei zu sein, wenn sich ihre „squadra azzurra" gegen die „socceroos" durchsetzt. Solchen Beistand hatten die Azzurri aber auch bitter nötig. Denn sie waren einem beinahe ununterbrochenen Ansturm der Australier ausgesetzt. Buchstäblich in letzter Sekunde konnten die Italiener ihr Achtelfinale durch einen Foulelfmeter gewinnen, so dass schon bald nach dem minutenlangen Freudentanz die ersten Autofanfaren durch die Innenstadt schallten. Jetzt begann der Autokorso und die kühnsten Träume schäumten wie eine Latte macchiato.

Bei schönstem Sonnenschein gespanntes Warten auf den Anpfiff

Es ist zum Verzweifeln

Italien, wir kommen!

Na also, geht doch!

SCHWEIZ 0 : 3 UKRAINE

Achtelfinale, 26. Juni 2006

Das war eine bittere Nacht für die Fußballfreunde aus der Schweiz. Das ermüdend ereignisarme Spiel mit seiner noch ermüdenderen Verlängerung, das hätte man ja noch so ruhig hingenommen, wie das Matterhorn steht. Wenn dann nur nicht dieses katastrophale Elfmeterschießen gefolgt wäre. Und dabei hatte es ja gar nicht schlecht begonnen, denn der Schweizer Tormann hielt den ersten Elfer der Ukraine. Aber was die Schweizer dann brachten, wurde entweder gehalten oder ging an die Latte – oder ganz daneben. So kam das Aus noch vor dem fünften Elfmeter. Auf Wiederluege, Ihr Eidgenossen habt uns gut gefallen!

Nie mehr ein Elfmeterschießen

Vor dem Spiel...

...sind noch alle...

...voller Zuversicht

BRASILIEN 3 : 0 GHANA

Achtelfinale, 27. Juni 2006

Im Sicherheitsfußball hatten die Brasilianer an diesem Abend schon mal Weltklasse bewiesen. Dafür wurden sie auch ausgepfiffen. Sie gewannen routiniert und lässig. Doch für die Ghanaer war diese Niederlage gegen den Rekordweltmeister eigentlich keine Niederlage, sondern ein Riesenerfolg. Das dachten nicht nur alle einheimischen und alle angereisten Afrikaner, sondern auch ihre zahlreichen deutschen Sympathisanten. Zumal in Sachen Feiern, Jubeln und Tanzen die Afrikaner ohnehin schon Weltmeister sind. Dass sie das auch im Fußball werden können, will Ghana 2010 in Südafrika zeigen. Darauf freuen wir uns!

Rhythmus, Tanz und gute Laune: Brasilien und Ghana zu Gast in Stuttgart!

Komm, tanz mit!

Brasilianerin und Ghanaer

Ein Kuss für Afrika

SPANIEN 1:3 FRANKREICH

Achtelfinale, 27. Juni 2006

Entsetzte Blicke spanischer Fans, jubelnde Franzosen. Die „Prinz Eisenherz equipe tricolore" hatte sich endgültig gefangen und die Spanier in einer hart umkämpften Partie aus der WM gedrängt. Nachdem der Sieg schon festgestanden hatte, wurde der dritte französische Treffer durch Zinedine Zidane in der 90. Minute besonders bejubelt. Ihr Ehrentor erzielten die Spanier durch einen Foulelfmeter. Darüber hinaus gab es ein besonderes Erlebnis für die Fans auf dem Schlossplatz: Für kurze Zeit fielen die Videowände aus. Gefeiert wurde am Ende gemeinsam. Auch mit den Ghanaern und den Brasilianern, die am selben Tag gespielt hatten.

Schmerz, Verzweiflung, Ohnmacht. Alle, die mit ganzem Herzen bei ihrer Mannschaft sind, können das nachfühlen

Ja, wir gewinnen

Das kann doch nicht wahr sein!

Auf, jetzt gehts zur Party-Meile

DEUTSCHLAND 5 : 3 ARGENTINIEN

Viertelfinale, 30. Juni 2006

Nur ein einziges Mal herrschte an diesem frühen Abend auf dem Schlossplatz beinahe völlige Stille. Beinahe. Denn unter den 70.000 Deutschen gab es auch eine Hand voll Argentinier.

Deren Jubel in dieser riesigen Stille fast schon ein wenig gespenstisch wirkte und dem Führungstor Ayalas galt, der nach einer Ecke von Riquelme mit einem Kopfball den deutschen Torhüter überwand. Vorangegangen war eine spannende und auch zerfahrene erste Halbzeit. Zwar gab es einen Kopfball von Ballack nach einem Traumpass von Schneider, aber davon abgesehen hatte die Partie bis jetzt noch nicht gehalten, was man sich von ihr versprach. Bis eben dieses Tor Ayalas fiel. Nun war der Bann gebrochen. Das bedeutete aber nach zwei deutschen Ecken zunächst nur eine neue Schrecksekunde für Millionen Deutsche, als nach einem furiosen Angriff der Argentinier der Ball an Lehmanns Außennetz ging. Bald sah es so aus, als würden die Gauchos ihren knappen Vorsprung über die Zeit bringen können. Doch in der 80. Minute schlenzte Ballack eine Flanke in den argentinischen Strafraum, die Borowski mit dem Kopf in den Lauf des heraneilenden Klose verlängerte. Und der vollendete mit einem satten Kopfstoß ins gegnerische Tor. Der Schlossplatz war ein einziger Aufschrei, die Masse jubelte vor Glück. Ob da noch jemand mitbekommen hatte, wie Klose nach dem Treffer sich bekreuzigte? Diese Geste dürften dann nicht wenige vollzogen haben, als es ans Elfmeterschießen ging. Und Lehmann hielt zweimal bis es 5:3 für Deutschland stand.

Nach dem Abpfiff gibt es kein Halten mehr

Vor dem ersten Elfmeter

Vor dem zweiten

Vor dem dritten

Hoch, höher,...

...am höchsten

Tobende Wellen aus Fahnen und Armen

Seht her, Jungs, so sehen Sieger aus

Königstraße: Wohin das Auge reicht, deutsche Fans

Hauptbahnhof: Die ersten Fans schwächeln

Der Arnulf-Klett-Platz wird endlich zur Fußgängerzone

Schlachtenbummler auf der Straße und Polizei auf der Fußgängerbrücke

Durst wird durch Bier erst schön...

Börsenplatz: So wild gehts nicht einmal an der Wall Street zu

Palast der Republik: keine Angst vor Autos

Theodor-Heuss-Straße: Die Welt zu Gast in Stuttgart

Coca-Cola
EnBW

buchhaus
wittwer
HYUNDAI

ITALIEN 3 : 0 UKRAINE

Viertelfinale, 30. Juni 2006

Die italienischen Fans auf dem Schlossplatz explodierten vor Freude, als Gianlucca Zambrotta nach einem wilden Alleingang ihre „Squadra Azzurra" schon in der sechsten Minute in Führung brachte. Dass sich ihre Elf danach wie gewohnt zurückzog, tat der Freude keinen Abbruch. Nach Beginn der zweiten Hälfte musste Buffon seine Elf durch eine glänzende Parade vor dem Ausgleich bewahren. Dann erzielte Luca Toni den zweiten Treffer. Erst jetzt schienen die Ukrainer richtig zu erwachen. Abermals glänzte Buffon. Und als Luca Toni zum 3:0 erhöhte, geriet der Schlossplatz außer sich. Nun stand das Halbfinale bevor.

Totales Kreuz- und Querfeiern - ist das italienisch?

Italia, Italia

Komm, wir angeln uns einen Italiener

Gewonnen, da guckst du

ENGLAND 1 : 3 PORTUGAL

Viertelfinale, 1. Juli 2006

Es dauerte sehr lange, bis die Portugiesen endlich jubeln durften. Zwar konnten die Briten mit Rooney und Beckham gleich zu Beginn ihre Gegner gehörig in Verlegenheit bringen, aber nach dieser starken Anfangsphase verflachte das Spiel immer mehr. Aufregend war höchstens, dass Beckham in der zweiten Hälfte den Rasen wegen einer Verletzung und Rooney wegen eines Platzverweises verlassen mussten. Da waren schon 60 Minuten gespielt. Erst jetzt kamen die Portugiesen so richtig in die Gänge. Ein Tor fiel trotzdem nicht. Beim Elfmeterschießen war es dann anders. Nun war das Halbfinale erreicht.

Hurra, wir haben die englische Festung eingenommen

Und noch ein Tor

Wir Engländer sind doch so lieb

BRASILIEN 0 : 1 FRANKREICH

Viertelfinale, 1. Juli 2006

Es war Zinedine Zidanes bestes Spiel bisher. Der Mann mit den goldenen Schuhen zauberte schon in der ersten Minute wie ein Brasilianer. Die legten sich zwar auch ins Zeug, aber beide Teams konnten in der ersten Hälfte nichts aus ihren zahlreichen Torchancen machen. Auch in der zweite Hälfte brillierten Zidane und Ronaldinho lange ohne Erfolg. In der 54. Minute erzielte Thierry Henry ein Tor. Es wurde wegen Abseits nicht anerkannt. Zwei Minuten später konnte er den Abwehrriegel der Brasilianer endlich durch einen Freistoß knacken. Damit hatten „les bleus" den Titelverteidiger vom Thron gestürzt.

Wir wollten doch wieder Weltmeister werden

Jetzt müssen wir heim

Ich kanns nicht glauben

Wir sind im Finale

IT'S YO
FAN FEST

DEUTSCHLAND 0 : 2 ITALIEN

Halbfinale, 4. Juli 2006

Es war ein sehr heißer Tag mit einer Luftfeuchtigkeit wie in den Tropen. Dennoch kamen schon fünf Stunden vor dem Anpfiff um 21 Uhr die ersten Fans auf den Schlossplatz. Beim Anpfiff waren es 40.000. Und mehr als 20.000 sammelten sich vor dem Königsbau und auf den Treppen neben dem Kunstmuseum. Abgesehen von etwa 1.000 Italienern waren es also über 60.000 Deutsche. Sie einten sich zu einem einzigen Herz. Das vor Freude klopfte, als Lehmann in der 5. Minute einen Freistoß sicher hielt. Und vor Schreck beinahe stehenblieb, als die Azzurri zehn Minuten später wie aus dem Nichts heraus den Ball ganz plötzlich vor dem deutschen Torraum hatten. Die Schwaben ein einziges Herz. Und hochgetaktet zwischen Schreck und Freude schlug dieses Herz nun immer heftiger. Rasch und beinahe regelmäßig wechselten die Gefühle, so tapfer wurde gekämpft. Bei beiden Mannschaften gab es keinen Spieler, der die Erwartungen enttäuschte, die man zu Recht an seine Fähigkeiten stellte. Vor allem bei den Stürmern, den eigenen besonders. Die Schwaben ein einziges Herz. Das in der Verlängerung noch eine Taktung höher schlug, so heftig wurde gekämpft. Und auch kurz vor dem Ende der Verlängerung nicht ruhiger schlug, obwohl es auf Lehmann beim Elfmeterschießen hoffen durfte. Und dann kam der Stich: Fabio Grossos genauer Linksschuß ging haarscharf am Pfosten vorbei ins Netz. Und danach der zweite: Die Deutschen warfen alle Mannen in den Sturm. Den sofortigen italienischen Konter schloß Alessandro del Piero ab, indem er den Ball über den herauslaufenden Lehmann schlenzte. Das tat dem Herzen sehr weh.

Allmählich geht die Sonne über dem Schlossplatz unter – und für die deutsche Mannschaft die Hoffnung auf das Finale

Trotzdem Jungs, ihr seid super

Nicht wegschauen, 2010 werden wir es schaffen

Gespannte Stille: Ein ganzer Platz hält die Luft an

Pfeif doch endlich ab!

Der Schrecken fährt durch alle Glieder

Dieses Bild sagt mehr als Tausend Worte

Die Welt kann so grausam sein

Wir können es nicht glauben

Komm Schatz, es wird alles wieder gut

Italia, Italia, wir fahren nach Berlin...

...dort werden wir auch Weltmeister, denn...

...wir sind die Größten

STUTTGART
BALLACK
13

PORTUGAL 0 : 1 FRANKREICH

Halbfinale, 5. Juli 2006

Die portugiesischen Fans hatten Pech mit dem Wetter. Wie schon bei ihrem Achtelfinalspiel gegen die Oranjes verhinderte ein Gewitter, dass sie das Spiel ihrer Mannschaft auf dem Schlossplatz vollständig sehen konnten. Und dieses Mal kam es besonders schlimm. Begonnen hatte die Partie mit Schwung, blieb aber arm an Höhepunkten. Den in der 33. Minute wegen eines Fouls an Thierry Henry verhängten Foulelfmeter wollte sich der Meister Zinedine Zidane nicht nehmen lassen. Und in der 92. Minute wuchs der VfB-Hochklasseverteidiger Meira durch einen starken Schuß auf das französische Tor über seine gewohnte Rolle hinaus.

Mutter Maria, Mutter Gottes, bitte bitte...

Das Wechselspiel der Gefühle

40.000 Fußballfans zwischen Hoffen und Bangen

Tanz der Grazien

Der Wettergott fegt zum zweiten Mal den Schlossplatz leer

DEUTSCHLAND 3 : 1 PORTUGAL

Spiel um Platz Drei, 8. Juli 2006

Pressekonferenz der Stadt Stuttgart im Rathaus

Der Einladung des Oberbürgermeisters Dr. Wolfgang Schuster waren gefolgt: Hansi Müller, Klaus Lindemann, Dr. Susanne Eisenmann, Dr. Koïchiro Matsuura, Generaldirektor der UNESCO in Paris und Dr. Vitor Sereno, Generalkonsul der portugiesischen Republik in Stuttgart.

Koïchiro Matsuura zeigte sich begeistert vom Bundesland Baden-Württemberg und dem UNESCO-Weltjugendfestival anlässlich der Weltmeisterschaft in Stuttgart. Der portugiesische Generalkonsul Dr. Sereno fühle sich bereits als halber Stuttgarter. Hansi Müller freute sich über den Erfolg seines Freundes Fernando Meira vom VfB Stuttgart und tippte auf einen Sieg für Deutschland. Und der Oberbürgermeister kündigte an, dass es bei künftigen Länderspielen auch Übertragungen (in einem kleineren Rahmen) auf dem Schlossplatz geben werde.

OFFIZIELLER EMPFANG IM BADEN-WÜRTTEMBERG-HAUS

Geladen von DaimlerChrysler und dem Land Baden-Württemberg

Zum Empfang ins Baden-Württemberg-Haus waren unter anderen gekommen: die Bundeskanzlerin Angela Merkel, der Staatspräsident von Portugal, Aníbal Cavaco Silva, der Staatspräsident von Ruanda, Paul Kagane, der Bundesinnenminister Dr. Wolfgang Schäuble und viele andere Prominente mehr. Vor dem Spiel wurde ein Kunstwerk enthüllt: „Global Feet", wie die große Bronzeplastik mit den Fußabgüssen von 13 der 32 WM-Mannschaftskapitänen des Künstlers Nikolaus-Otto Kruch heißt. Eines Tages sollen die Abgüsse aller 32 Kapitäne in die Plastik integriert sein, um so ein weltumspannendes Fußballdenkmal zu schaffen. Auch andere Plastiken standen im Mittelpunkt: 22 große Tipp-Kick-Figuren aus der WM-Werbekampagne wurden versteigert. Der Erlös von beinahe 12.000 Euro kommt der Stiftung „Kinderland Baden-Württemberg" zugute. Aufgerufen zu dieser Versteigerung hatten die Landesregierung und die DaimlerChrysler AG. Und dann gings zum eigentlichen Höhepunkt, dem schönsten Fußballabend dieser WM.

Erinnerungsbild vor der Plastik von Nikolaus-Otto Kruch

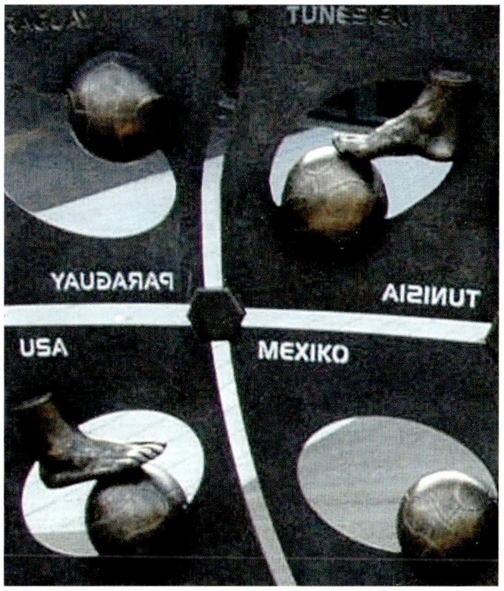

Detail der Skulptur

Vor der Mercedes-Benz Niederlassung geduldiges Warten auf die Bundeskanzlerin Angela Merkel

Der DaimlerChrysler Chef verspricht, die Bundeskanzlerin zu fragen...

...wer ihrer Meinung nach Weltmeister wird

Alexandra Freifrau von Berlichingen und Prof. Dr. Roman Herzog im Interview

Rudolf Böhmler mit Firmenchef Hans-Peter Stihl

Dr. Günther Beckstein bittet Klinsmann um Vergebung

Wolfgang Dauner im Gespräch mit Matthias Kleinert

Die Mini-Kochschule im Baden-Württemberg-Haus: Hoffentlich verderben die vielen Köche nicht den Brei...

Die beiden Spitzenhoteliers Hermann Bareiss und Heiner Finkbeiner

Die Schauspieler Trudel Wulle und Walter Schultheiß

Friedliche Spiele, zufriedene Gesichter

„Goldmedaille" einmal anders

Auch die Fantasie der Modeschöpfer kann sich sehen lassen

GOTTLIEB-DAIMLER-STADION STUTTGART

Deutschland : Portugal

Als bald nach dem Schlusspfiff die Stadionbeleuchtung über den überglücklich feiernden Zuschauern reduziert wurde, sah man den Vollmond deutlich. Dann erleuchtete ein prächtiges Feuerwerk den Himmel, die Gesichter und den Rasen, auf dem das gesamte Team jubelnd seine Ehrenrunden drehte. Jürgen Klinsmann verbeugte sich vor den Spielern. Auf den Rängen wurde noch lange nach der Siegerehrung ein Spiel gefeiert, bei dem trotz guter deutscher Chancen zu Beginn die Tore erst in der zweiten Hälfte fielen. Die ersten beiden binnen 5 Minuten, das dritte eine Viertelstunde später. Alle drei durch Bastian Schweinsteiger, wenn man ihm seinen von einem Portugiesen abgefälschten Freistoß mit anrechnen mag. Nuno Gomes erzielte kurz vor Schluss das Ehrentor gegen Oliver Kahn, der eine überragende Abschiedsvorstellung gegeben hatte.

Als das Flutlicht ausgeht, strahlt von den Rängen ein Sternenhimmel aus Blitzlichtern. Den meisten der 52.000 Zuschauer läuft eine Gänsehaut über den Rücken

Die Mannschaft und die Trainer bekommen ihre Medaille überreicht

So freuen sich Sieger, die das Finale der Herzen gewonnen haben

FIFA
2006 FIFA

orld Cup™
FIFA WORLD CUP
GERMANY
2006

DEUTSCHLAND 3 : 1 PORTUGAL

Spiel um Platz Drei, 8. Juli 2006

Dieser Samstag hatte schon am Freitagabend begonnen, als der deutsche Mannschaftsbus vor dem Hotel Graf Zeppelin eingetroffen war. Die Straße war gesperrt, 7.000 Fans erwarteten das Team. Doch das verschwand im Hotel. Die Fans skandierten: „Ohne Klinsmann gehen wir nicht nach Haus!" Als sich die Spieler an den Fenstern zeigten, brandete der Jubel hoch. Und dann war etwas geschehen, was vier Wochen zuvor noch niemand für möglich gehalten hätte: Tausende sangen die Nationalhymne. Schon am Morgen des „Kleinen Finales" wanderten ganze Scharen durch die Innenstadt und sangen „Stuttgart ist viel schöner als Berlin". Um 18 Uhr wurden die Einlässe auf dem Schlossplatz wegen Überfüllung gesperrt. Beim Anpfiff befanden sich dort an die 80.000. Für „danach" war vorgesehen, dass der „Schlagerkönig Kuhn" zur Siegesfeier singt. Es war schon dunkel, als auf der Bühne ein krachender Blitz die Massen erschreckte. Funkensprühender Qualm schoss empor. Zugleich war auf der Leinwand das 1:0 von Schweinsteiger zu sehen. Das kleine Unglück auf der Bühne war nicht schlimm. Vielleicht hatte ein Element des für den Konzertauftakt vorgesehenen Feuerwerkes mittels magischer Kräfte mitbekommen, dass dies Tor gleich fällt und sich aus Glück darüber nicht mehr halten können. Auch wenn nur der Fehlgriff eines Technikers die Ursache war, möglich wäre an diesem Abend alles gewesen – bei den vielen glücklichen Menschen, die noch lange nach dem Abpfiff auf den Schlossplatz drängten. Und besonders vor das Hotel. Dort fanden sich mehr als doppelt so viele als schon am Freitagabend ein, um ihre heimgekehrten „Weltmeister der Herzen" zu feiern.

Stuttgart ist viel schöner als Berlin

Stuttgart ist eine tolle Stadt

Wir können alles, außer Portugiesisch

Die Hoffnung stirbt zuletzt

Das macht den Fußball so spannend...

...man weiß nie...

...ob ein unberechtigter Strafstoß eventuell alles zunichte macht

Was dem einen sein Leid...

...ist dem anderen seine Freud

Ausgelassene Stimmung nach dem Schlusspfiff

So was hat man lange nicht gesehen...

...so schön, so schön...

...danke, Lukas!

Hoteldirektor Bernd A. Zängle und Jürgen Klinsmann

Ein Bus voll feiernder Sieger

Die Mannschaft am Fenster des Steigenberger Graf Zeppelin

So ein Tag, so wunderschön wie heute, so ein Tag darf nie vergehn...

KLINSMANNS BOYGROUP IN STUTTGART

Zwei Stunden nach dem Abpfiff des Spiels um Platz drei rollen die Fans schräg gegenüber vom Hauptbahnhof den roten Teppich für die deutsche Mannschaft aus. In Zehnerreihen warten die Anhänger auf den Bus, mit dem Jürgen Klinsmann und seine Boygroup gleich vor den Hoteleingang fahren werden. Dann endlich, nach stundenlangem Warten, werfen die Scheinwerfer der Kamerateams grelles Licht über den Arnulf-Klett-Platz. Hunderte von Polizisten versuchen, die nach vorne drückende Menschenmenge zu bändigen: Um 0.56 Uhr biegt der Bus mit dem Aufdruck „Für Deutschland – durch Deutschland" von der Heilbronner Straße ein. Und wie von einem Magneten angezogen, brechen dutzende von Fans durch die Absperrungen der Polizei, um einmal den Bus zu berühren, in dem Jürgen Klinsmann neben dem Fahrer wie ein Derwisch tanzt.

Einen ähnlich ausgelassenen Empfang bereiten die deutschen Schlachtenbummler ihrem Team an diesem 8. Juli auch schon, als der Mannschaftsbus um kurz vor halb acht Uhr vor der Haupttribüne des Daimlerstadions vorfährt. Und als wenig später Oli Kahn als erster deutscher Spieler zum Aufwärmen durch den gläsernen Tunnel auf den Rasen trabt, bebt das Stadion zum ersten Mal an diesem Abend. Zur Feier des Tages sind alle nach Stuttgart gekommen: der Bundespräsident Horst Köhler und die Bundeskanzlerin Angela Merkel, die später bei der Siegerehrung Jürgen Klinsmann ein Küsschen auf die Wangen drückt. Auch der FIFA-Boss Joseph Blatter und der OK-Chef Franz Beckenbauer sind nach Stuttgart gekommen. Der Kaiser bekniet Jürgen Klinsmann noch auf dem Rasen zum Weitermachen. Boris Becker und Michael Schumacher feiern in einer der Ehrenlogen zusammen mit der angereisten Prominenz aus Politik, Sport und Kultur noch eine Stunde nach dem Schlusspfiff ausgelassen die deutsche Mannschaft, die unter dem von einem Feuerwerk beleuchteten Nachthimmel Runde um Runde dreht.

Dieser Tag gehört Stuttgart. Nicht auf Berlin, nicht auf Dortmund oder München richten sich an diesem Samstag die Kameras von Fernsehsendern aus aller Welt – Millionen von Zuschauern sehen am Tag des kleinen Finales beinahe ausschließlich Bilder vom Schlossplatz, von der Königstraße und vom Stuttgarter Hauptbahnhof. Und es scheint so, als habe die Stadt nur darauf gewartet, nicht eine von zwölf WM-Städten zu sein, sondern diejenige, die im Mittelpunkt steht.

Stuttgart wirft sich in dieser Nacht der Mannschaft hemmungslos an den Hals. Und dabei gehen auch beim ZDF, das von 13 Uhr an ununterbrochen aus der Stadt berichtet, die Klischees haufenweise in die Brüche. Nur zu Beginn der Übertragung schwadroniert der Moderator über „Schaffe, schaffe, Häusle baue" – doch nach wenigen Minuten gibt Michael Steinbrecher, der die deutsche Mannschaft während der gesamten WM begleitet hat, zu: „Nirgendwo war der Empfang so toll wie in Stuttgart". An diesem Tag ist Stuttgart nicht besenrein – auf den Straßen klebt ein Brei aus Bier und schwarz-rot-goldenen Fanartikeln. Stuttgart ist nicht leise – die Fans kreischen, wie bei einem Popkonzert. Stuttgart ist nicht geizig – vor dem Spiel reißen die Menschen in den Kaufhäusern noch einmal Trikots für 65 Euro von den Bügeln.

Als der Bus mit den Siegern des Kleinen Finales vor dem Hotel Graf Zeppelin hält, verstopft die frenetisch jubelnde Menge aus 20.000 Menschen sechs Fahrspuren. Mädchen mit aufgemalten Herzen sind auf Bushäuschen geklettert. Eine Gruppe von Kölner Fans hüpft in einem Blumenkübel auf und ab. Und immer wieder singen die Anhänger „So sehen Sieger aus" – damit meinen sie die Mannschaft, vor allem aber sich selbst. In diesem Moment verwandelt sich die kalte Betonfassade des Hotels in eine Projektionsfläche für viele Sehnsüchte.

Ein Kunstrasen auf dem Autodach

Die Straße der Sieger riecht zu diesem Zeitpunkt längst nach Bier und Benzin. Wie bei allen Deutschlandspielen zuvor biegen auch an diesem Tag die ersten Autos mit dem Schlusspfiff auf die Theodor-Heuss-Straße ein, begleitet von einem durchdringenden Hupkonzert. Alle Fenster sind heruntergekurbelt, alle Cabriodächer geöffnet. Und auf der Kühlerhaube eines Jeeps thronen zwei Frauen, die mit Deutschlandfähnchen winken wie lebendige Kühlerfiguren. Nach dem 3:1-Erfolg der deutschen Mannschaft wälzt sich der Autokorso auch über die Heilbronner Straße. Hier entladen sich die Gefühle der Fans wie bei einem Gewitter. Auf der Stuttgarter Ausgehmeile beginnt immer nach den Siegen der deutschen Elf die lauteste Party der Stadt.

Und genau wie in Klinsmanns Mannschaft gibt es auch beim Autokorso einen Star. Dieser Star heißt nicht Miroslav Klose, er heißt Martin Wolf. Vor ein paar Wochen hat sich Martin Wolf nach dem Auftaktspiel dazu entschlossen, sein Auto umzulackieren. Der Lack glänzt nun in den Farben der Fußballsaison: Schwarz-Rot-Gold. Auf dem Dach des Wagens haben Wolf und seine Kumpels einen kleinen Kunstrasen verlegt - inklusive Seitenlinien, Strafraum und Anstoßkreis. Wo immer der Stuttgarter mit seinem Wagen auftaucht, wird er nun von den Zuschauern des Korsos frenetisch gefeiert: „So wie ihr sehen Sieger aus!" Und auf der Straße der Sieger tanzen die Fans mitten im Stau. Sie schütteln die Autos durch, klettern über Absperrungen und singen die neue Hymne dieser WM-Nacht: „Stuttgart ist viel schöner als Berlin, schöner als Berlin, schöner als Berlin."

Viele sind erst in den vergangenen vier Wochen zu Fans geworden – zu Anhängern einer Mannschaft, die offensiv spielt und niemals verzagt; zu Anhängern eines Trainers, der den Glauben vermittelt, dass sich mit der richtigen Einstellung Berge versetzen lassen. An diesem letzten WM-Wochenende feiern die Menschen auf den Straßen und vor dem schachteligen Mannschaftshotel noch einmal dieses neue Lebensgefühl, das japanische, britische und deutsche Medien in Stuttgart einfangen. Als Frings, Schweinsteiger und Co. im ersten Stock des Hotels die Fenster aufreißen, läuft ein Beben durch die Menge: „Das hier werde ich nie vergessen", sagt ein grauhaariger Vater, dessen Tochter verschüchtert auf seinen Schultern sitzt. Nie lag ein Montag so fern, auch der Alltag und der Ärger mit dem Chef – für 20.000 Fans zählt nur dieser Augenblick.

ITALIEN 6 : 4 FRANKREICH

Finale, 9. Juli 2006

Der letzte Tag begann mit einem Friedensfest. Unter Concordias Flügeln fanden sich Tausende von Jugendlichen aus aller Welt, um im Rahmen ihres UNESCO-Weltjugendfestivals den Abschluss der WM zu feiern. Die Stuttgarter Philharmoniker sowie Gruppen aus Brasilien, Indien und Korea begleiteten das Programm, bei dem die jungen Leute auch von Erlebnissen während ihrer Zeit in Stuttgart berichteten. Und am Abend war der ganze Schlossplatz ein Meer von grün-weiß-rot und blau-weiß-rot bewegten Fahnen. Die letzteren flatterten wild, als Freudenchöre die Führung der „équipe tricolore" bejubelten. Das war nach einem Elfmeter in der sechsten Minute, als Zidane den Strafstoß fast schon kokett nur lupfte. Gianluigi Buffon war völlig überrascht. Und die „Tifosi" auf dem Schlossplatz hoben schon zu ihrem Jubel an, weil der Lupfer an die Latte prallte. Doch weil es deren Unterkante war, sprang der Ball noch knapp hinter die Linie herab. Marco Materazzi war zutiefst erschüttert. Denn er hatte den Strafstoß verschuldet. So fühlten ihm die Italiener auf dem ganzen Erdball nach, als es ihm eine Viertelstunde später gelungen war, seinen Fehler mit einem wuchtigen Kopfballtor auszubügeln. Doch die Franzosen beherrschten das Spiel. Dennoch blieb das Unentschieden bis zum Ende der Verlängerung bestehen. In deren zweiter Hälfte Zidane seinem Temperament erlag und Materazzi mit einem Kopfstoß auf die Brust zu Boden stieß. Der Meister musste vom Platz. Und das bei seinem Abschiedsspiel. Beim Elfmeterschießen wurde er bitter vermisst. So dass am Ende unser Schlossplatz ganz allein von grün-weiß-roten Fahnen wogte. Glückwunsch!

Italien und Frankreich zeigen ein großes Spiel und beide Fanlager hoffen auf einen Sieg ihrer Mannschaft

Tor! Vive la France!

Es wäre so schön gewesen, oh Zinedine Zidane

Forza Italia! Campioni del Mondo! Gli piu forti siamo noi! (Auf gehts, Italien! Weltmeister! Die Stärksten sind wir!)

13

STUTTGART VOR DER WM

Die für den Bürger augenfälligsten Kraftanstrengungen hatte die Stadt rechtzeitig vor Beginn der WM vollenden können. Allen voran die Untertunnelung der Heilbronner Straße am Pragsattel. Und mit der Überdeckelung des Portalbereichs der Konrad-Adenauer-Straße vor dem Wilhelmspalais wurde ein Meilenstein auf dem Weg zur Untertunnelung der B 14 im Bereich von Staatsoper, Haus der Geschichte und Staatsgalerie, gesetzt. Fußgänger- und Radwege führen über die neugewonnene Grünfläche, die den Akademiegarten mit der Grünanlage vor der Landesbibliothek gegenüber verbindet. Stuttgart ist auf dem besten Wege, eine der schönsten Städte Europas zu werden. Dazu gehören auch das neue Kunstmuseum und die Königsbau-Passagen, während die neue Bepflasterung der Fußgängerzone auf der Königstraße bis zum Hauptbahnhof da schon als eine Kleinigkeit erscheint. Und die Gärtner zeigten nach einem amtsinternen Wettbewerb ihr vielfältiges Können. Auch der Umbau der größtenteils dachlosen Sportstätte Neckarstadion zur modernen Sportarena Gottlieb-Daimler-Stadion ist mit der Einrichtung eines zweiten Zuschauerranges auf der neuen Gegentribüne rechtzeitig abgeschlossen worden. Eher zur Kür hatten die Messe CMT und besonders die Fußballmesse Fair Play gehört. Vollends nähergerückt war die WM durch die Errichtung des Fußball Globus auf dem Schlossplatz. Dort wurde ein reichhaltiges Kulturfestival durchgeführt, zu dessen Höhepunkt wohl die Präsentation des ältesten Balles der Welt gehörte: Im Jahre 1.000 vor Christus war er in das Grab eines ägyptischen Jungens gelegt worden. Heutige Jugendliche konnten auf dem Schlossplatz ihr Können bei einem Kick-Off-Turnier beweisen, während das (ebenfalls umgebaute) Rathaus im Glanz der Stuttgarter Lichtspiele erstrahlte.

CARAVAN MOTOR TOURISTIK

Die größte Urlaubsmesse Europas im Zeichen der WM

Über 180.000 Besucher informierten sich auch über die WM-Spiele in Stuttgart

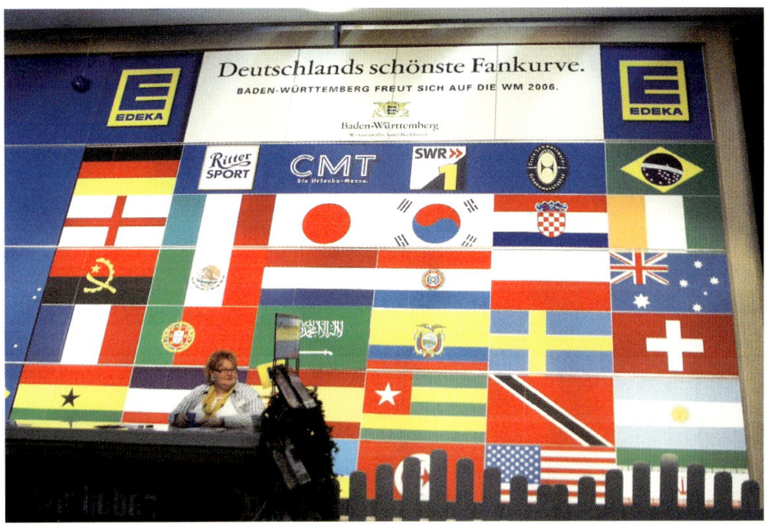

Edeka und Ritter Sport präsentierten die größte Schokoladentafel der Welt

Timo Hildebrand im Interview

FAIR PLAY

Die Fußballmesse auf dem Killesberg

Tischkicker mal anders

„Lemon Gold Cup" mit der VfB-Stuttgart Traditionsmannschaft

„Faire Fußbälle" auf der Messe. Mehr unter www.fairdealtrading.de

ENDRUNDEN-AUSLOSUNG, STADIONEINWEIHUNG, STADTKICK

Stuttgart läutete die heiße Phase zur Fußball-WM ein

Übertragung der WM-Endrunden-Auslosung in der Hanns-Martin-Schleyer-Halle

Matthias Holtmann im Gespräch mit Buffi Ettmayer

Günther H. Oettinger bei der Einweihung des modernisierten Stadions

Die beiden WM-Botschafter Hansi Müller und Guido Buchwald hörten gespannt zu

40.000 Besucher kamen zu den fünf Stadtkick-Veranstaltungen

Die Sieger des Stadtkick-Finales auf dem Schlossplatz

WACHSENDE BÄLLE UND FUSSBALLBÄUME

„Ausgezeichnete" Installationen des Garten- und Friedhofsamts

Wachsende Bälle vor dem Spielerhotel „Le Meridien"

Skulpturen von behinderten und nichtbehinderten Kindern

Fair-Play-Plakate der Park-Realschule

26 Spruchtore waren verteilt in der Stadt aufgestellt

Der überdimensionale Fußball des Württembergischen Gärtnerverbandes...

...war auch nachts ein „Hingucker"

STUTTGARTER LICHTSPIELE

Fassadenprojektionen bei „S-City Leuchtet" zwischen Bahnhof und Wilhelmsplatz

Auch die Rathaus-Fassade wurde in lichtstarke Motive getaucht

Projiziert wurden dynamische Fußball-Sequenzen...

...und Bilder, die auf die kommende Turn-, Rad- und Handball-WM hinwiesen

Die erste lange Einkaufsnacht (bis 24 Uhr) und außergewöhnlich illuminierte Gebäude

FUSSBALL GLOBUS AUF DEM SCHLOSSPLATZ

Der mobile Pavillon tourte durch alle 12 WM-Städte

André Hellers Globus war Teil des Kunst- und Kulturprogramms der WM

Wunderbare Lichtspiele boten sich den nächtlichen Besuchern

Der WM-Pokal begrüßte die Gäste beim Eintritt in den Globus

Vom 10. Januar bis 12. Februar besuchten 56.630 Menschen den Globus auf dem Schlossplatz. Die Eintrittsgelder betrugen zwischen 1 und 5 Euro

OLDTIMER-KORSO NACH STUTTGART

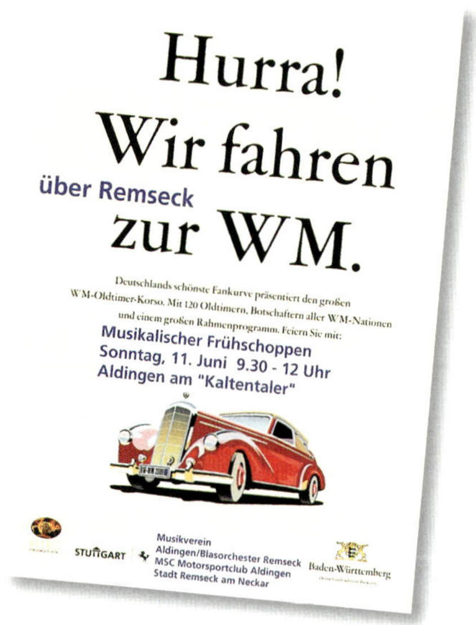

Unter dem Motto „Hurra! Wir fahren zur WM" startete am 11. Juni ein Oldtimer-Korso mit hochkarätiger Besetzung. Das war der erste Fußballsonntag dieser WM. 120 der schönsten Oldtimer aus aller Herren Länder zeigten sich von ihrer allerbesten Seite. Viel Prominenz aus Politik, Wirtschaft und Sport nahm auf liebevoll gepflegten Ledersitzen Platz und ließ sich vom Garten des Ludwigsburger Blühenden Barocks bis zum Ziel an dem mit einer Seebühne umgestalteten Eckensee im Stuttgarter Schlossgarten chauffieren. Mit von der Partie durch „Deutschlands schönste Fankurve" waren auch die WM-Botschafter der 32 bei der WM vertretenen Nationen. Als Schirmherr dieser unvergesslichen Veranstaltung nahm Ministerpräsident Günther H. Oettinger mit seiner Familie in einem Mercedes-Benz 600 Landaulet Platz. Der Korso schlängelte sich über Remseck und Mühlhausen durch die Arena der neuen Mercedes-Benz Welt, bis zu seinem Ziel. Bei strahlendem Sonnenschein bestaunten und bejubelten Tausende von Zuschauern die gepflegten vierrädrigen Raritäten. Für die Gemeinde Remseck am Neckar war der Autokorso ein willkommener Anlass für ein großes Straßenfest. In der festlich geschmückten Ortschaft bereitete man den überraschten Teilnehmern des Korsos einen sehr herzlichen Empfang. In Stuttgart angekommen, wurden die Fahrgäste vor der prächtigen Kulisse des Neuen Schlosses, der Staatsoper und dem Landtag einem begeisterten Publikum vorgestellt und danach mit einem glanzvollen Empfang des Ministerpräsidenten geehrt. Während Musikanten und andere Künstler ein vielfältiges Programm gestalteten, durften die um den Eckensee herum geparkten Prachtkarossen ausgiebig bewundert werden. Und glücklich war, wer ein solches Glanzstück sogar streicheln durfte. Natürlich ganz vorsichtig.

Der Aldinger Musikverein empfing den Autokorso mit flotter Musik und trotzte der sommerlichen Hitze

Bürgermeister Schlumberger begrüßte die Remsecker

Bäcker Strohmaier präsentierte seinen WM-Kuchen

Scott M. Rauland vom Generalkonsulat der USA im Pontiac Phaeton Oakland Six

Die Delegation aus Kroatien im Lagonda LG 6 drophead Coupé

Vertreter der Ukraine und Australien im MB 600 Landaulet

Im Lincoln Mark IV Bj. 1958 fuhren die Gäste aus Polen durch Aldingen

Lagonda Rapid M 45 mit Dr. Doezel, Herr Odenwald und Herr Kador aus Prag

Conceptcar-Rennwagen von Rinspeed mit dem Repräsentanten der Schweiz

Königlicher Auftritt im Rolls-Royce für die Gäste aus Costa Rica

Herr Ebel und Herr Dr. Zimmermann aus Schweden im luftigen MB 220 S Cabrio

Dr. Auwärter lenkte den Bus aus dem Film „Das Wunder von Bern"

Herr Schaetzle hatte seine Gäste wohlbehalten bis ans Neue Schloss gefahren

Nach der Ankunft in Stuttgart lud OB Dr. Schuster die Teilnehmer zu einem...

...kulinarischen Abschluss, kreiert von Harald Wohlfahrt, ins Neue Schloss ein

KUNSTSZENE IM WM-FIEBER

Wollte man den Geist dieser WM in übergreifender Weise zusammenfassen, so könnte man „Begegnungen von Menschen" als Motto nennen. So war es auch bei einigen künstlerischen Veranstaltungen, die teils zum Programm der Stadt Stuttgart gehörten, teils auch privat oder von anderen Einrichtungen durchgeführt worden waren.
So präsentierten im Kunstmuseum sechs Künstler zum Auftakt des WM-Jahres zusammen mit Release und Toto-Lotto eine Edition mit dem Titel „Fußballkunst – 6 aus 49".
Weitere Fußballthemen fanden den Weg in Stuttgarts Galerien. Hervorgehoben hatten sich dabei erstaunlicherweise Frauen und Mädchen. Eine Entwicklung, die dem Sport sicherlich gut tun würde.
In der Birkenwaldstraße stellten über 100 Anwohner ihre Gärten und Häuser je einem Künstler zur Verfügung, der dort eine Arbeit entwickeln und präsentieren konnte. „Vorfahrt" war der Titel dieses Projektes entlang der zur Kunstakademie führenden Panoramastraße.
Die Architektenkammer Baden-Württemberg eröffnete in ihrem Haus der Architekten eine Sonderausstellung, die noch bis zum 1. September zu sehen sein wird. Die Künstler David Spaeth und Andreas Körner zeigen Fotos vom Gottlieb-Daimler-Stadion. Schwerpunkt ist dessen originelle Stahlseilverdachung mit textiler Membran, die sich zum Exportschlager entwickelte und damit den mit dem Namen Jörg Schlaich verbundenen Ruf Stuttgarts als das Weltzentrum für leichte Tragwerkkonstruktionen festigte. Und sehr beliebt gemacht in ihrer Heimat haben sich die Ingenieure Schlaich Bergermann und Partner ja mit dem luftigen Aussichtsturm im Höhenpark Killesberg.

KUNSTMUSEUM

Kunst im Herzen Stuttgarts

Walter Sittler zog die Zuhörer wie gewohnt in seinen Bann

Vom „Cube" aus hat man den wohl sensationellsten Ausblick auf den Schlossplatz

GALERIE MERKLE

Im Galeriehaus in der Breitscheidstraße

Eine literarische Pressekonferenz mit Texten von Grass, Horváth, Handke und Hornby

Unter dem Titel „FUSSBALLKLUB" hatte sich die Galerie in einen Sportplatz verwandelt

VORFAHRT

Ein internationales Kunstprojekt in der Birkenwaldstraße

Während der Laufzeit hatten die Infothek und das Café im Chinagarten geöffnet

Trotz schlechten Wetters war die Vernissage gut besucht

Die Birkenwaldstraße bietet eine der schönsten Aussichten auf Stuttgart

Eine Jury wählte die Künstler unter 200 Bewerbern aus ganz Europa aus

Eines der etwa 100 Kunstobjekte

DEUTSCHLANDS SCHÖNSTE FANKURVE

Fotoausstellung mit Bildern vom Stuttgarter WM-Austragungsort

Stadionarchitektur im Haus der Architekten

Das Gottlieb-Daimler-Stadion in Bildern

Die Künstler David Spaeth und Andreas Körner

RUND UM DEN SCHLOSSPLATZ

Auf dem Schillerplatz hatte der Pro-Stuttgart-Verkehrsverein das WM-Weindorf mit 63 Lauben errichtet, in denen unsere Gäste bei regionalen Weinen, schwäbischer Küche und Live-Musik einen Eindruck gemütlicher Gastlichkeit gewinnen konnten. Die Evangelische Landeskirche in Baden-Württemberg hatte zu ihrer Zeltkirche mit dem „Café Mondial" geladen, wo Lesungen, Gesprächskreise und Aufführungen angeboten wurden. Auf dem Eckensee wurde eine Arena errichtet, auf der Veranstaltungen wie ein Nationalhymnen-Ratespiel und eine Modenschau des Staatstheaters angeboten wurden. Auf dem Karlsplatz konnte man sich über die neuesten Entwicklungen in den Bereichen Automobiltechnik, Elektrowerkzeuge, Garten- und Hausgeräte sowie Thermotechnik informieren. Zusätzlich zauberten die Meisterköche von „Gastronom in Baden-Württemberg" und der regionalen Marke des DEHOGA „Schmeck den Süden" täglich kulinarische Köstlichkeiten, die gegen eine kleine Spende zu Gunsten karitativer Zwecke verzehrt werden konnten. Als ein Beispiel für viele andere Straßen sei auch die Königstraße genannt, auf der sich der Einzelhandel neben verlängerten Ladenöffnungszeiten und fünf verkaufsoffenen Sonntagen viel hatte einfallen lassen, den WM-Einkaufsbummel so angenehm wie möglich zu machen. Die „Action Area" auf dem Marktplatz bot viel Platz für sportliche Aktivitäten aller Altersklassen. Besonders bestaunt wurde die Kletterwand, aber auch Angebote wie ein Reaktionstest wurden gerne angenommen. Und „last" – aber wahrlich nicht „least" stellte die Stadt Stuttgart ihren Anspruch, eine kinderfreundliche Stadt zu sein, unter Beweis. Zum Serviceangebot „Rund ums Kind" gehörte auch die Möglichkeit, Kinderbetreuung in 25 verschiedenen Sprachen zu buchen. Das soll uns erst mal jemand nachmachen!

Die Stufen zum kleinen Schlossplatz waren ein beliebter Aussichtspunkt für das Geschehen ringsherum

Beim „Kids Day" sorgten die Moderatoren Anja und Wolfi für Stimmung

Der Traum eines jeden Kindes: mit dem Polizeiauto spielen

SCHILLERPLATZ UND KARLSPLATZ

WM-Weindorf und Bosch, erstklassig gelegen zwischen Rathaus und Schlossplatz

Die spärliche WM-Dekoration hatte wenige Fans in die Weinlauben gelockt...

...und sorgte damit für eine große Enttäuschung bei den Wirten

„Technik fürs Leben" zeigte Bosch auf dem Karlsplatz

Oberbürgermeister Dr. Wolfgang Schuster im Bosch Reaktions-Simulator

Worin überall Bosch steckt, konnten die Besucher bestaunen

Köche aus Baden-Württemberg verwöhnten die Gäste mit kulinarischen Leckerbissen

ECKENSEE MIT SEE-ARENA UND FLOHMARKT

Abseits des Schlossplatzes erholten sich die Besucher im Oberen Schlossgarten

Die „See-Arena", quer über den See gebaut, sollte eine Oase der Ruhe werden…

…und es war sehr ruhig. Man könnte auch sagen: „Tote Hose"

Der sonntägliche Flohmarkt war vom Karlsplatz vor die Oper gezogen…

…eine schöne Aussicht, aber wenig Umsatz

Unter dem Titel „Anstoß für den Glauben" bot die evangelische Landeskirche…

…am Oberen Schlossgarten 500 Besuchern einen Ort der Begegnung

KÖNIGSTRASSE

Eine der schönsten Einkaufsstraßen Deutschlands

Im Juni informierten sich 180.000 Besucher in der „Tourist Info"

Der erste Blick für Millionen von Fahrgästen, die aus der Klettpassage kamen

Straßenmusiker aus allen Kulturkreisen belebten die Königstraße

Stimmgewaltige Tenöre aus dem Osten klangen durch die Straßen

Viele Schaufenster verwandelten sich in WM-Shops

Die Umsatzerwartungen des Einzelhandels wurden leider nicht erfüllt

RATHAUS

Im Zentrum der Stadt und im Fokus der Welt

In der Action Area auf dem Marktplatz konnten sich die Besucher sportlich austoben...

...am besten besucht waren allerdings die Cafés mit Blick auf das Rathaus

Viele Gäste nutzten den Info-Service im Rathaus. Eine der zahlreichen...

...Ausstellungen war „Peace Counts" – Berichte über Krieg und Zerstörung

250 Kinder aller Nationen wurden zwischen 16 und 20 Uhr im Rathaus betreut

Auch „Erich, die Rathausratte", fand die Kinderbetreuung im Rathaus tierisch gut

RUND UM DAS STADION

Die WM-Sponsoren wollten nicht nur durch ihre Logos in Erscheinung treten, sondern auch unterhaltsam über sich informieren. Dafür wurde die „Sponsoren Area" eingerichtet. Dass die EnBW bei der Gestaltung ihres abgebildeten Torwandplätzchens das Gottlieb-Daimler-Stadion berücksichtigte, gefiel den Schützen ebenso wie die gewitzte Verwendung eines deutschen Wortes beim Slogan von Coca-Cola: „IT'S YOUR HEIMSPIEL!". Weniger witzig fanden es dagegen viele Einheimische, dass die deutschen FIFA-Verantwortlichen nicht auf die Idee gekommen waren, die Bekanntheit deutscher Worte im englischen Wortschatz durch die Verwendung des Wortes „Helfer" weltweit zu vergrößern. Diese freundlichen und engagierten ehrenamtlichen Helfer wären auch ohne ihre englische Bezeichnung sofort erkannt worden. Und die englischsprachigen Gäste wären nicht ins Grübeln gekommen. Denn in ihrer Heimat bedeutet „Volunteer" eben nicht „ehrenamtlicher Helfer", sondern (Kriegs-)Freiwilliger im Gegensatz zum Dienstpflichtigen. Ein neues Beispiel für den so oft missratenen Anglizismus unseres Wortschatzes. Schade. Denn durch die heiteren Feste hatten wir ja das gerade im englischen Sprachraum so beliebte Vorurteil über unser angeblich zackig-militärisches Wesen fröhlich weggefeiert. Auch das schöne deutsche Wort „Zeltlager" hätten die vielen jugendlichen Gäste aus aller Welt bestimmt gerne mit nach Hause genommen, weil sich damit schöne Erinnerungen an die Tage und Nächte im Reitstadion verbanden. Nun ja. Herrlich war es allemal gewesen, auch wenn es „Fan Camp" hieß. Für Diskussionen sorgten auch die scharfen FIFA-Zugangsvorschriften. Die personalisierten Eintrittskarten waren gut gemeint, besorgten aber Datenschutzbeauftragte des Bundes und der Länder.

Die gefragtesten Schalter während der WM: Hier wurden die Eintrittskarten umgetauscht

Für jeden der eigene Zugang, aber für alle strenge Kontrollen

Prof. Kurt Weidemann passierte mit erhobenen Armen die Eingangskontrolle

Regisseur Wedel lief eher entspannt durch den VIP-Eingang

Kontrolle der personalisierten Karten – der Schwarzmarkt wurde so eingedämmt

Exklusive Gäste gingen über die Brücke vom Parkhaus direkt ins Stadion

SPONSOREN AREA

Während der Spiele geöffnet

Auf dieser Bühne fanden die lautesten und nervigsten Wetten statt

Bohr' zwei Löcher in die Wand und die Jungs stehen Schlange

Die freundliche Flugbegleiterin mit der unvermeidlichen „Hundemarke"

Was gibt es Schöneres als ein Erinnerungsfoto

Ein Spiel, das in allen Sprachen funktioniert

FAN CAMP

Für 12 Euro gab es die Übernachtung mit Frühstück

Wer zwischen 18 und 27 Jahre alt war, durfte im Fan Camp übernachten

Tagsüber zeigten die Spieler, was sie am Vorabend im Fernsehen gesehen hatten

Für einen Gruß nach Hause gab es ein Internet-Café

Über 1.000 jugendliche Fans konnten hier übernachten

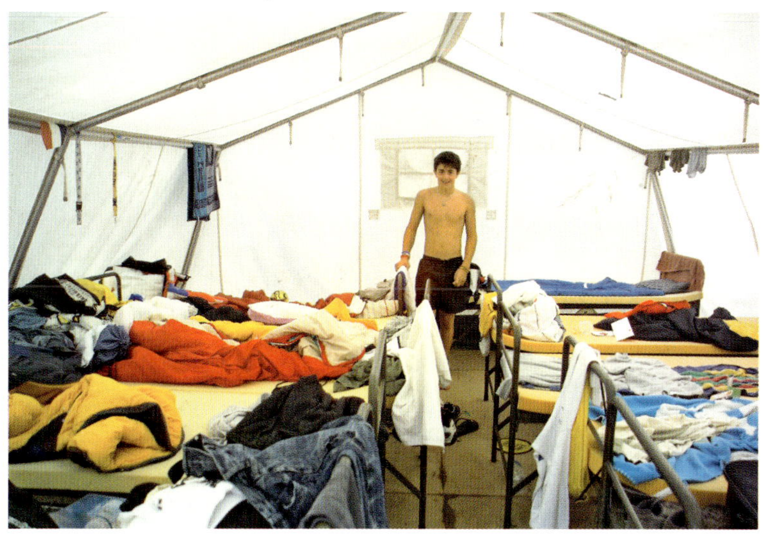

Ausschlafen unmöglich: Ab Sonnenaufgang schnellten die Temperaturen in die Höhe

PROMINENTE ERLEBEN DIE WM 2006

Jede Gesellschaft braucht ihre Prominenten. Im Politischen verkörpern sie Leitbilder und formulieren gewissermaßen stellvertretend für die große Masse die gegenwärtig anerkannten Überzeugungen der Gesellschaft einschließlich deren Gegenpositionen. Das sind dann die Querdenker vom Dienst. Weniger kontrovers verhält es sich bei Prominenten aus dem Bereich der Wirtschaft, da deren Wertvorstellungen wie etwa Fleiß, Einfallsreichtum und Erfolg gesellschaftlich kaum umstritten sind. Noch eindeutiger ist es beim Sport: Dort zählt nur der Erfolg. Sehr vielfältig kann die Prominenz im kulturellen Bereich erscheinen. Die Geschmäcker sind äußerst verschieden, und wirkliche Abseitigkeiten gibt es in unserer kulturell in viele einzelne Szenen aufgesplitterten, pluralistischen Gesellschaft sehr selten. Alle drängen in die Mitte. Besonders die Prominenten. Denn sie brauchen die Gesellschaft beinahe noch mehr als umgekehrt, um sich in ihrem Spiegel als Prominente zu erkennen. Das betrifft besonders die Vertreter der sogenannten B-Prominenz, deren Verdienste häufig nicht in gesellschaftlich anerkannten Leistungen, sondern in Vorzügen ihrer Geburt, ihrer Jugend oder ihrer Körperformen bestehen. Aber auch danach herrscht gesellschaftliche Nachfrage.

Großveranstaltungen wie die Fußball-WM bieten der Prominenz eine Bühne. In unserem Falle waren es die Empfänge der Landesregierung und der DaimlerChrysler AG im Baden-Württemberg-Haus anläßlich der Stuttgart-Spiele. Dort fanden sich jedesmal über 400 geladene Gäste. Und man darf die Organisatoren für ihre gute Auswahl tatsächlich verdienter Persönlichkeiten loben. So empfand es auch Verleger Martin Frischauf, der auf seinen Rundgängen mit dem hübschen WM-Ball den Spieltrieb manches Prominenten weckte. So kam es zu vielen Äußerungen, von denen wir nachfolgend einige abdrucken.

HEINZ DÜRR

Unternehmer

„Wir können alles. Außer Hochdeutsch" – seit dem Spiel England gegen Ecuador müsste der Slogan der Sympathiekampagne Baden-Württembergs ergänzt werden um die Feststellung: Vor allem mit Gästen aus aller Welt fröhlich feiern. Ich habe mich regelrecht mitreißen lassen von der ausgelassenen Stimmung im Stadion. Das ging so weit, dass ich dem Schlachtruf gefolgt bin „Steh auf, wenn du ein Deutscher bist", obwohl er etwas unlogisch war, weil „wir" gar nicht spielten an diesem Tag. Wunderbar, mit welch unverkrampft-fröhlichem Selbstbewusstsein dieser auf den ersten Blick arg martialische Gesang daher kam. Im Stuttgarter Stadion habe ich mit eigenen Augen und Ohren bestätigt gefunden, was ich bis dahin etwas zweifelnd in Zeitungen gelesen hatte: Das Fußballfest Weltmeisterschaft 2006 hat in uns manchmal schwerblütigen Deutschen eine neue Leichtigkeit des Seins geweckt. Ich wünsche mir, dass dieses neue Gefühl über den 9. Juli hinaus trägt.

DIETZ-WERNER STECK

Schauspieler

Am Abend des Polen-Spieles konnte ich erleben, dass selbst ein Sepp Herberger nicht immer recht haben kann. Und das kam so: Ich hatte eine Theatervorstellung und konnte deshalb das Spiel gegen Polen nicht anschauen. Kurz vor Schluss kam ich heim. Meine Frau war äußerst angespannt, denn noch immer stand es 0:0. Und nun war auch die 90. Minute angebrochen.
Da fiel mir der berühmte Satz von Sepp Herberger ein: „Der Ball ist rund und ein Spiel dauert 90 Minuten". Ich beruhigte sie. Noch immer lief das Spiel. Dann fiel das erlösende Tor – in der 91. Minute...

RANDI BUBAT UND WOLFGANG DAUNER

Künstlerin und Jazz-Pianist

„Beifallsstürme für einen Ball und rollende Bässe zur Weltmeisterschaft" – so begann für uns bereits im vergangenen Jahr die Weltmeisterschaft in Buenos Aires. Bei Dreharbeiten für einen Film von Nord- nach Südamerika über die German All Stars war eine Station das Teatro Colon in Buenos Aires, das größte Opernhaus der Welt. Wir waren von den Strapazen der Reise angeschlagen und mein Wunsch an Wolfgang war: „Spiel für mich wie noch nie in deinem Leben". Wolfgang setzte nach grandiosen Improvisationen einen Schlusspunkt, der die ballverrückten Argentinier mit Freudenschreien explodieren ließ. Zum Schlussakkord schoss er einen Fußball in die jahrhundertealte Kuppel, mit der Botschaft: „Willkommen bei der Weltmeisterschaft 2006 in Stuttgart". Was für ein Treffer! Was für ein Bild, was für eine Botschaft. Standing Ovations, Autogramme auf der Straße und Komplimente der Argentinier: „Ein Abschlag wie Maradona!". Also: Wenn einen die Musik antreibt, bleibt das Unmögliche nicht unerreichbar.

DR. SUSANNE EISENMANN

Bürgermeisterin für Kultur, Bildung und Sport in Stuttgart

Es war schon etwas ganz Besonderes, hier in Stuttgart und natürlich auch im Gottlieb-Daimler-Stadion diese wunderbare Stimmung und Begeisterung während der Fußball-Weltmeisterschaft erleben zu können. Wenn man sah, welche spontane Verbrüderung in Stuttgart auf dem Schlossplatz, im Gottlieb-Daimler-Stadion und in der ganzen Region stattfand, wie die Holländer ihr oranges Trikot mit den Saubermännern der Stuttgarter Stadtreinigung tauschten und diese bei ihrer Arbeit anfeuerten. Wenn man das Fahnenmeer während der Spiele auf dem Stuttgarter Schlossplatz sah und beobachten konnte, welche Fülle von Nationen hier gemeinsam ein so tolles, interkulturelles und vor allem friedliches Fußballfest feierten, dann musste man einfach begeistert sein von dieser einzigartigen Atmosphäre, die Stuttgart und die ganze Region seinen Gästen bot. Stuttgart bestätigte einmal mehr seinen Ruf als Sportstadt, die mit ihrem bekannt begeisterungsfähigen Publikum für eine einzigartige Atmosphäre sorgte und die Gäste aus der ganzen Welt besonders herzlich willkommen hieß.

MICHAEL GAEDT

Entertainer

Mit dem Fahrrad in die City, durch den Jubel des Publikums, das erwartungsvoll vor der Bar „Schräglage" saß. Thomas Ramge, Journalist aus Berlin, und Ralf Groher, Musiker aus Stuttgart, warteten bereits auf mich. Hoffentlich bin ich nicht zu spät. Nein, da läuft sie noch, die Nationalhymne – und jetzt geht es los. Doch kurz noch zu den Spielregeln: Bei einigen Fernsehstationen gab es die Möglichkeit, nur die Stadion-Atmosphäre und nicht den Kommentator zu hören, d. h. Fußball ohne Onkel Heribert. Stattdessen hatten wir Drei die Spiele kommentiert. Statt Fernsehplattitüden nahmen wir unseren „Bildungsauftrag" sehr ernst und garnierten unsere Kommentare mit philosophischen Exkursen, Reiseberichten aus Mexiko (unvergessen Rommel und Odin Delgado aus Santa Cruz) und Betrachtungen der mitteleuropäischen Motorradhistorie. Dem Publikum musste es wohl gefallen haben, denn es war jedes Mal proppevoll. Es gab Tage, wo vor lauter Pointen und Witzen das Spiel schlicht vergessen wurde. Und es gab Tage, da war die Spannung so groß, dass sich jeder Kommentar erübrigte. Und dann kam die 120. Minute im Spiel gegen Italien – memories are made of this.

RALF RANGNICK

Fußballtrainer

Auf Einladung von DaimlerChrysler hatte ich jedes WM-Spiel im Gottlieb-Daimler-Stadion gesehen. Sportlich imponierte mir die Elfenbeinküste, obwohl sie früh ausgeschieden war. Aber Gänsehaut bekam ich bei den Engländern. Nicht wegen ihres Spiels, sondern wegen ihrer Fans. Als 40.000 „God save the Queen" sangen, war das beeindruckend. Als sie aber nach dem 1:0-Sieg über Ecuador „football is coming home" trällerten, lief es mir kalt den Rücken runter. Zumal die Engländer nicht nur den Refrain, sondern das ganze Lied singen konnten. Diese WM hatte keinen kalt gelassen. Selbst in meiner Heimat Backnang, nur 30.000 Einwohner stark, brach nach deutschen Siegen der Verkehr zusammen. 2.000 Menschen verfolgten per Public Viewing am Stiftshof die Spiele, genau diese 2.000 verstopften anschließend die Straßen. Ein Autokorso, wie ich es noch nie erlebt hatte. Kinder und Frauen standen an den Straßen, angemalt oder mit schwarz-rot-goldenen Fahnen bestückt, winkten jedem Passanten zu, um ihre Freude mitzuteilen. Diese WM war ein Glücksfall für unser Land. Danke, Franz Beckenbauer.

WALTER SITTLER

Schauspieler

Die Stimmung war gut, alle wollten ein aufregendes Spiel sehen, Niederlande gegen die Elfenbeinküste stand auf den Eintrittskarten. Noch 15 Minuten bis zum Anpfiff, das Gedrängel ist groß, viele holten noch schnell ein Bier, ein Würstchen oder Süßigkeiten. Mein Sohn und ich steuerten auf unseren Block zu, als plötzlich eine Gruppe Schüler uns umringte und Autogramme haben wollte, nicht von den Spielern, sondern von mir. Ich war nicht darauf vorbereitet und hatte keine Karten dabei, schließlich hätte ich vermutlich selber von den Spielern eins haben wollen, war aber nicht auf den Gedanken gekommen, selber welche zu geben. Das fochte die Jäger aber nicht an und so schrieb ich munter drauflos, auf WM-Trikots, Fahnen, Eintrittskarten, und es fühlte sich gut an – ich bin eben doch ein Fußballfan, ganz egal, wer spielt. Lasst uns alle so weitermachen!

URSULA CANTIENI

Schauspielerin

Gleich beim ersten Spiel im Stuttgarter Gottlieb-Daimler-Stadion hatte ich einen ganz besonderen WM-Moment erlebt. Schließlich, ich muss das jetzt mal zugeben, war ich an diesem Tag erst zum zweiten Mal in meinem Leben überhaupt in einem Fußballstadion gewesen. Beim ersten Mal sah ich während der WM 1974 das Spiel Italien gegen Polen – doch als ich am 13. Juni das Stuttgarter Stadion betrat, war ich überwältigt von der Kulisse, der Stimmung und der Energie. Ich dachte: Die Spieler werden gleich schweben, wenn ihnen so viel Begeisterung entgegenschlägt. Als die Spieler einliefen und die Nationalhymnen gespielt wurden, habe ich beide mitgesungen: Als Schweizerin unsere eigene, etwas bedächtige Hymne – und für meine französischen Freunde, mit denen ich morgens noch gefrühstückt hatte, die Marseillaise. Die geht mir immer wieder unter die Haut und reißt mich mit. Gerne hätte ich während des Spiels anlässlich eines Tores ein paar Urschreie getan – aber das war mir beim 0:0 nicht vergönnt. Die Franzosen und die Schweizer schoben den Ball fast fürsorglich in Richtung gegnerisches Tor. Ein Spiel mit Glacé-Handschuhen!

JÜRGEN WALTER

Politiker

Was hatte sich die FIFA nicht alles ausgedacht, um den Fans die Fußball-WM zu vermiesen: Die dubiose Kartenvergabe, die wenig volkstümlichen Eintrittspreise und die virtuellen Hochsicherheitstrakte für ihre Hauptsponsoren waren nicht dazu angetan, ein Volksfest vorzubereiten. Doch es kam ganz anders: Eine ganze Region feierte die WM. Wäre das fußballerische Niveau aller Spiele so gut gewesen wie die Stimmung auf den Rängen und in den schwäbischen Fanmeilen, dann hätte selbst aus „Grottenkicks" wie England gegen Ecuador noch ein grandioses Spiel werden müssen. Die Menschen hatten das Gefühl, etwas ganz Besonderes zu erleben. Mit diesem Gefühl wurden die Gäste empfangen. Selbst alte Fußballrivalen, wie beispielsweise die Holländer. Die schwäbischen Bruddler waren wohl kollektiv in Urlaub gefahren. Zumindest waren sie während der WM von der Bildfläche verschwunden. Über Wochen war Stuttgart ein Meer aus Farben. Rot, Orange, Gelb und... Man konnte gar nicht anders, man wurde förmlich mitgerissen. So geht es nun hoffentlich weiter. In der Stadt, im ganzen Land und ab 12. August im Stadion, wenn der VfB in die neue Saison startet!

KNEIPEN, PLÄTZE UND KONZERTE

„Kaiserwetter", so sagte man vor hundert Jahren zu jener sonnigen Hochdrucklage bei mäßigem Wind, die jetzt auch zu Beginn der Fußballspiele in ganz Deutschland herrschte. Ideales Segelwetter. Und Segeln tat der Kaiser damals gern. Und auch heutzutage gibt es einen Kaiser. So ändern sich die Zeiten. Doch einen Namen für das Wetter, das zu Beginn der Fußballspiele über Stuttgart lag, haben wir noch nicht. Sagen wir einfach: Es herrschte phantastisches Wetter. Man atmete südliches Flair. Das lag zunächst an den herrlichen Plätzen und Gärten, von deren letzteren der Schlossgarten als der größte von seinem Mittleren Teil an mit dem Landespavillon und dem Biergarten bis hin zum Oberen Teil mit seinem umgestalteten Eckensee „WM-einladend" war. Weniger schattig war dann der weite Schlossplatz als Zentrum des Fan-Geschehens. Die Trias Schillerplatz mit dem Weindorf, Karlsplatz mit der Technik-Schau und Rathausplatz mit der „Action Area" setzte andere Akzente, wobei die Treppen neben dem Kunstmuseum den Übergang zu einer neuen Qualität urbanen Platz-Geschehens führten: zur Party-Meile der sonstigen Theodor-Heuss-Straße. Wie Splitter eines Mosaiks gruppierten sich dort und auch in anderen Richtungen die kleineren Plätze und Höfe mit ihren Kneipen und Lokalen, wo meist im Freien den Spielen zugesehen oder gefeiert wurde. Als einer von vielen Höhepunkten sei stellvertretend für alle anderen das „Meisters" genannt, und von den Innenräumen das „Schlesinger" mit seiner „Rumänen-Lounge" als Wohnzimmerkneipe in der Kneipe. So wird jeder nach seinem Geschmack sein Lieblingsplätzchen gefunden haben in dieser Zeit des „Kaiserwetters", das über den größten Teil der WM auch hielt. Nicht weniger vielfältig war dann auch das Angebot an Konzerten gewesen.

Die Kinder sammelten Bäckertüten. Online wurden diese bereits für 7 Euro versteigert

Die Gablenberger Hauptstraße mit fantasievollen Fußball-Figuren

Ein Oldtimer Busshuttle brachte die Gäste der EnBW vom Parkplatz zum Partyzelt...

...dort wurden die Gäste während den Spieltagen verwöhnt

Tausende von kleinen Public Viewings fanden in ganz Deutschland statt

Im Medienzentrum West jubelten die Fans über den Sieg gegen Argentinien

Fans dicht an dicht auf den Bänken des Landespavillons

Begeisterungsstürme im Schlosspark-Biergarten

Französisches Flair – Das Bistro Einstein ist vor allem bei Frankreich-Fans beliebt

Das Meisters verwöhnte die Fans mit einem grandiosen Blick auf das Spielgeschehen

Das Schlesinger wurde zur Fan-Zone – Die Großleinwand zog alle in ihren Bann

Den besonderen „Kick" gab's in der Schräglage: Live-Kommentare u.a. von Michael Gaedt

Viele Fans fanden sich zu den Deutschland-Spielen auf dem Cannstatter Marktplatz ein

Das Waranga auf dem Kleinen Schlossplatz war auch nach den Spielen gut besucht

Sonne, Sand und Cocktails – Kurzurlaub für gestresste Fans

Das Mash im Bosch-Areal lud zum gemeinsamen Fahnenschwingen ein

Fußball, heiße Nächte und kühle Drinks – Die Suite 212 begeisterte alle Fans

Das L'Oasis an der Theodor-Heuss-Straße mit einem riesigen „Beamer-Ball"

KONZERTE

Der Schlossplatz wurde zur Showbühne

Die Prinzen sorgten für eine riesen Stimmung bei allen Besuchern

Tobias Künzel (rechts) und Wolfgang Lenk (links) von den Prinzen

Mitsingen angesagt – Sasha brachte die Menge zum Kochen

Die Band von Sasha – natürlich darf der WM-Song „Goodbye" nicht fehlen

Rhythm & Blues, Jazz, Pop, Funk und Soul – Fresh & Cool sorgten für Partystimmung

Stimmung pur unter den Fans – Die Hermes House Band auf dem Schlossplatz

1,5 Millionen Besucher feierten vier Wochen lang auf dem Schlossplatz. Viele von ihnen bis tief in die Nacht hinein

Songs, die jeder kennt und mitsummt – The Supremes und Band

Dieter Thomas Kuhn nach dem Spiel um Platz 3, die Stimmung war auf dem Höhepunkt

UNESCO-WELTJUGEND-FESTIVAL

Im Rahmen des Kunst- und Kulturprogramms der UNESCO waren 2.006 Besucher während der WM zum Weltjugendfestival nach Stuttgart gereist. Manche von ihnen stammten aus zerrütteten Verhältnissen und hatten ihr Heimatland noch nie zuvor verlassen. Sie alle folgten dem offiziellen WM-Motto „a time to make friends" – Zeit, um neue Freunde zu finden. Die Organisation des Weltjugendfestivals war ein Kraftakt gewesen. Doch schließlich gelang es den Veranstaltern vom Stuttgarter Jugendhausverein mit Hilfe der Stadt und der Sponsoren, die teilweise kostspielige Anreise und auch die Unterbringung der Gäste aus aller Welt zu finanzieren. Zahlreiche Gastfamilien in Stuttgart und im Umland hatten sich zudem bereit erklärt, Jugendliche zu beherbergen. Diese kamen unter anderem aus Ägypten, Ghana, Israel und Vietnam. Vom 2. bis zum 10. Juli 2006 nahmen sie alle an einem umfangreichen Programm teil, lernten einander kennen und kulturelle Grenzen zu überschreiten.

Oberbürgermeister Dr. Wolfgang Schuster begrüßte die Besucher in der Hanns-Martin-Schleyer-Halle, anschließend entdeckten die Jugendlichen die faszinierende neue Mercedes-Welt. Während einer Woche, die für die meisten Jugendlichen unvergesslich bleiben sollte, erlebten sie auch den Unterricht an Stuttgarter Schulen. Hier diskutierten sie bei den UNESCO-Thementagen über politische Inhalte wie die natürlichen Ressourcen der Erde.
Doch beim UNESCO-Weltjugendfestival ging es nicht nur um geistige Höchstleistungen: Bei einem Sporttag auf der Degerlocher Waldau stellten die jungen Gäste gemeinsam einen neuen Weltrekord im Bockspringen auf – und beim Fest der Freunde auf dem Killesberg feierten sie bis in die Nacht hinein mit Rock- und Popmusik. Als 2.006 Jugendliche nach einer Woche Stuttgart verließen, hatte sich für viele von ihnen das WM-Motto erfüllt: Sie hatten längst neue Freunde gefunden.

PRESSEKONFERENZ

... und Eröffnungsparty in der Hanns-Martin-Schleyer-Halle

„A time to make friends" – Das Motto auf der Pressekonferenz

OB Schuster nahm den Preis „Land der Ideen" entgegen

Friedrich Stähler, Deutsche Bank, bei der Eröffnung in der Schleyer-Halle

Die Artistengruppe „Circomique" gestaltete ein abwechslungreiches Programm

Da staunten die Jugendlichen aus aller Welt: So sehen Deutsche aus!

Alle Teilnehmer wurden fotografiert. 1.560 sind auf der folgenden Seite zu sehen

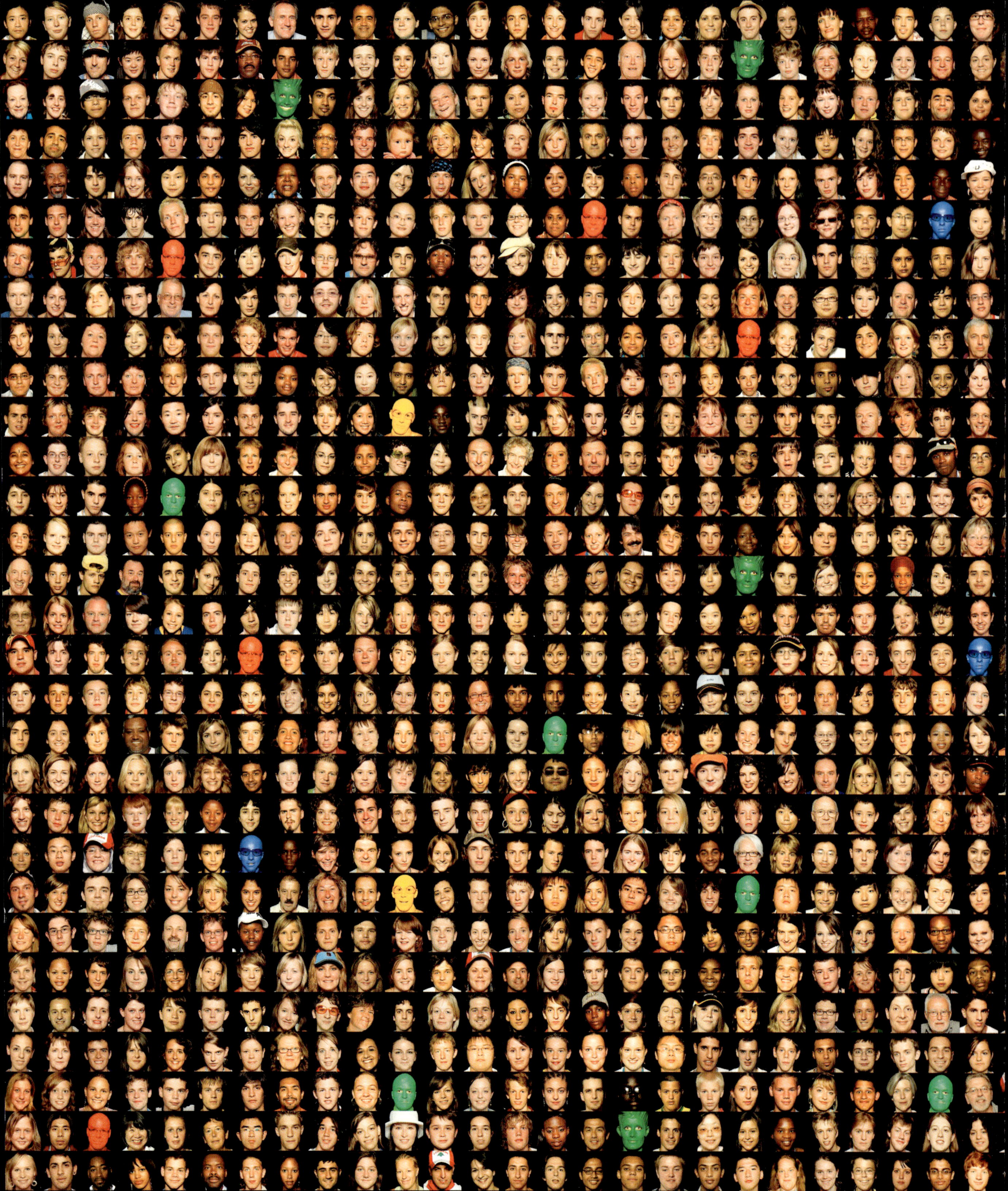

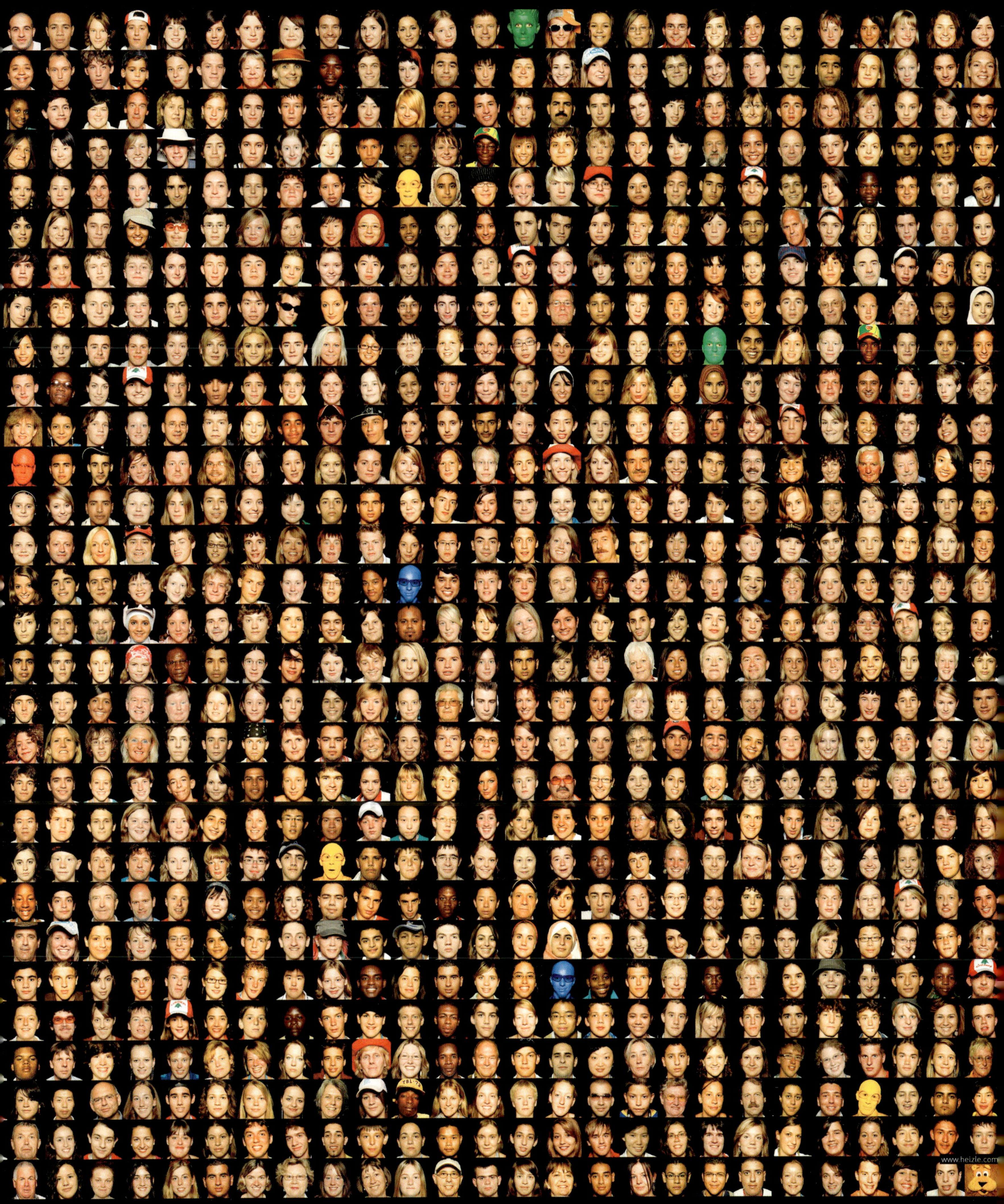
www.heizle.com

SPORTTAG AUF DER WALDAU

Das Motto: „Sport verbindet“

Fast 3.000 Besucher kamen am zweiten Festivaltag auf die Waldau

Beim Weltrekordversuch im Bockspringen legte auch OB Schuster seine Jacke ab

Der Eintrag ins Guinness Buch konnte erfolgen

Flaggen und Symbole aus der ganzen Welt

Massenverpflegung auf höchstem Niveau

Musikalische Leckerbissen frisch geblasen

HÖHENPARK KILLESBERG

Das Fest der Freunde

Kultur, Kunst und kulinarische Spezialitäten aus aller Welt, gemischt mit Musik-, Tanz-, Theater- und Akrobatikgruppen

Ein Tunnel aus allen Nationen für die Besucher der UNESCO

Gäste aus aller Welt winkten sich zu

Der UNESCO-Generalsekretär Dr. Koïchiro Matsuura blickte auf Stuttgart

Die Gäste wurden in verschiedenen Sprachen begrüßt

Bei dem Fotokunstprojekt peep in the box™ können sich Menschen auf besondere Weise begegnen. Die einzigartige Aktion der Künstler Wolfgang Moll und Annette Neulist vom Künstlerhaus Coobjektiv (www.coobjektiv.de) symbolisiert unter dem Motto „make friends" Frieden und Freundschaft über alle Kulturgrenzen hinweg. Das Projekt fand im Rahmen des WM Fan Camps und des UNESCO-Weltjugendfestivals statt.
Wenn sich zwei oder mehr Menschen für dieses Projekt gefunden haben, gehen sie gemeinsam in eine schwarze Box hinein. In diesem schwach beleuchteten Raum befindet sich ein überdimensionaler WM-Ball aus Filz, der als Symbol der Gemeinsamkeit dienen soll. Mit der Aufforderung, die schwarze Box als Ort der Begegnung und Freundschaft zu nutzen, wird das „Face to Face" der Teilnehmer von außen durch eine dafür vorgesehene Öffnung digital fotografiert. Nach einigen Aufnahmen verlassen die Teilnehmer die Box und die Motive werden digital weiterverarbeitet und gedruckt. Die Portraitierten erhalten nach der Fotosession einen Ansteck-Button mit dem schönsten Motiv.

Linkes Bild:
Wolfgang Moll beim Fotografieren. Rechts daneben: Annette Neulist

KULTURSCHOCK IN DEN WEINBERGEN

Dass die Welt zu Gast bei Freunden sei, diktieren Politiker während der Weltmeisterschaft unermüdlich in jeden Notizblock eines Journalisten hinein. Doch als die ersten Besucher des UNESCO-Weltjugendfestivals auf dem Stuttgarter Flughafen ankommen, machen sie gleich Bekanntschaft mit der Polizei. Siegfried Holzwarth, 72, wartet an diesem 24. Juni viel länger als gedacht im Ankunftsbereich auf seine beiden 15 und 17 Jahre alten Besucher aus dem westafrikanischen Togo. „Die Polizisten waren misstrauisch geworden, weil die Pässe der beiden erst vor wenigen Tagen ausgestellt wurden", erzählt Holzwarth.

Vom 2. Juli an lernen 2.006 Jugendliche aus aller Welt während des UNESCO-Weltjugendfestivals Stuttgart kennen. Die meisten von ihnen leben in Gastfamilien, besuchen den Schulunterricht, spielen zusammen Volleyball und feiern in den letzten Tagen gemeinsam beim Fest der Freunde auf dem Killesberg. Zahlreiche Firmen aus der Region haben gespendet, um den Jugendlichen, die teilweise aus ärmlichen Verhältnissen kommen, die Reise nach Deutschland und die Unterkunft zu finanzieren. Das Festival der UNESCO ist Teil des Kulturprogramms der Bundesregierung zur Weltmeisterschaft.

Einige der Jugendlichen haben bereits vor ihrer Ankunft in Stuttgart eine Odyssee erlebt – eine Reise durch die verschlungenen Pfade der Bürokratie ihrer Heimatländer. Ursprünglich wollte Siegfried Holzwarth nicht zwei, sondern vier Jugendliche aus Togo bei sich unterbringen. Doch kaum einer der rund vier Millionen Einwohner des Landes besitzt einen Pass. Also mussten die vier WM-Besucher erst in die Hauptstadt Lomé reisen, um die Dokumente zu beantragen. „Dabei hatte die Polizei einen 19-jährigen verhaftet, weil er jünger aussah und sie ihn der Lüge bezichtigten", erzählt Holzwarth, der die deutsche Botschaft in die Angelegenheit einschaltete. Der junge Mann kommt schließlich frei – doch die Behörden verweigern ihm und einem weiteren Touristen die Ausreise.

Siegfried Holzwarth, der seit fast 20 Jahren in Togo Entwicklungshilfe leistet, schüttelt den Kopf: „Vielleicht waren die Beamten überlastet, vielleicht hat man ihnen auch nur zu wenig Schmiergeld gezahlt". Neben ihm sitzen an diesem Tag jene beiden Jungen aus Togo, die nach Deutschland fliegen dürfen und seit fast zwei Wochen ein für sie exotisches Land entdecken: Komla Ehlan, 15, und Koffi Tete, 17, besuchen am Tag nach dem Ausscheiden der deutschen Mannschaft den Schulunterricht des Gustav-Stresemann-Gymnasiums in Fellbach. An der Tafel des Klassenzimmers hängt eine Karte von Afrika – ein kleiner Klecks markiert darauf das für dortige Verhältnisse winzige Heimatland der beiden.

Tausende von Kilometern trennen Togo und Deutschland – und nur wenige andere Besucher des UNESCO-Festivals erleben in diesen Tagen einen größeren Kulturschock als Komla Ehlan und Koffi Tete. Ein wenig scheu sitzen die beiden neben deutschen und italienischen Jugendlichen weit hinten im Klassenzimmer. Koffi Tete nestelt an seiner Baseballkappe und erzählt, dass er nie zuvor im Ausland gewesen, noch nie in einem Flieger gesessen ist und „dass Stuttgart eine sehr reiche Stadt sei". Komla Ehlan ist immer noch ein wenig fassungslos, „dass die Bahnen so perfekt funktionieren", und er schwärmt vom Besuch dieses „unglaublichen Mercedes Museums".

Eine neue Welt entdecken die beiden Togolesen an diesem Tag auch im großen Klassenzimmer des Fellbacher Gymnasiums. Dort steht an diesem Tag Mondialogo auf dem Lehrplan: Diese Initiative von DaimlerChrysler und der UNESCO fördert den Dialog zwischen den Kulturen. So hören die Fellbacher Schüler während der WM plötzlich einem Lehrer aus dem Senegal zu, der erzählt, wie die Globalisierung sein Heimatland verändert. „Das ist spannender als der stinknormale Erdkundeunterricht", sagt eine Schülerin, als der afrikanische Pädagoge davon berichtet, wie Jeans und Markenturnschuhe den Lebensstil der Jugendlichen im Senegal verändern und welche Rolle der Fußball in Afrika spielt.

Dann verwandelt sich die Schule in einen Laufsteg: Ein Junge präsentiert sich im Schottenrock, ein Mädchen im japanischen Kimono. Auch eine schwäbische Lehrerin zieht sich unter dem Johlen ihrer Schüler einen Wickelrock an und zeigt sich neben dem Pult als „typisch" senegalesische Frau. Die beiden Jugendlichen aus Togo applaudieren – nur selbst wollen sie sich auf keinen Fall in der Tracht ihrer Heimat zeigen: „Das wäre mir vor all den Leuten peinlich gewesen", sagt Koffi Tete.

Seit die beiden Togolesen bei Siegfried Holzwarth und dessen Frau in Fellbach leben, hat sich ihr Blick auf die Moderne gewandelt, die sie sonst nur aus Besuchen in der Hauptstadt ihres Landes und aus dem Fernsehen kennen. Und auch bei ihren Gastgebern ist der Alltag ein wenig aus den Fugen geraten. Weil die beiden Afrikaner das rundum sanierte Bad der Schwaben befremdlich finden, schleppt der Hausherr kurzerhand einen Holzzuber in die Waschküche: „In so einem Teil wasche ich mich selbst, wenn ich durch Togo reise". Beim gemeinsamen Frühstück behilft sich der Schwabe mit ein paar Brocken Französisch – und die Gäste, die seine Enkelkinder sein könnten, holpern mit ein wenig Deutsch durch das Gespräch. So hat Siegfried Holzwarth von Komla Ehlan erfahren, dass dieser sechs Brüder und fünf Schwestern hat und dass dessen Vater mit vier Frauen zusammenlebt: „Polygamie gehört in Togo zum Alltag". Der 72-jährige geht mit den beiden Teenagern in die Weinberge, hat mit ihnen Fußball auf einer Großleinwand gesehen und zusammen die Flädlesuppe seiner Frau gelöffelt. Wenn er selbst das nächste Mal nach Togo reist, werden ihn die Familien seiner beiden Gäste die Unterarme mit Mehl einreiben: „Das symbolisiert Reinheit und ist auch ein Zeichen: Du bist einer von uns".

Drei Wochen leben Komla Ehlan und Koffi Tete während der Weltmeisterschaft zusammen mit den Holzwarths. Dann fliegen die beiden zurück in ihre westafrikanische Heimat. Seine Eindrücke kann Komla Ehlan daheim seinen Schwestern und Brüdern vorlesen: Jeden Tag hat er in seinem Notizbuch aufgeschrieben, was er mit den Stuttgartern alles erlebt hat. Seinen Geschwistern will er unbedingt von dieser Reise berichten. Von einer Reise in ein exotisches Land – Deutschland.

WM DER MEDIEN

Dass diese WM auch mit einem gigantischen Medienaufkommen verbunden sein würde, zeigte sich bereits bei der Vorrundenauslosung in Leipzig, die global von 350 Millionen Menschen verfolgt worden war. Übertragen wurde dieser Abend von 160 TV-Sendern. Bei der WM waren es bis zu einer Milliarde Menschen, die von über 15.000 Journalisten und anderen Medienvertretern aus Deutschland versorgt wurden. Diese hatten sich bereits zum Ende des Vorjahres akkreditieren lassen müssen, was erstmals in der Geschichte solcher Sportveranstaltungen nur online möglich gewesen war. Hohe Sicherheitsbestimmungen mussten erfüllt werden. Wie bei allen anderen Zuschauern auch, waren die Eintrittskarten der Medienvertreter personalisiert. Mit über 3,2 Millionen Menschen kamen noch nie so viele Gäste zu einer Veranstaltung nach Deutschland. Höhepunkt war der Abend des „Kleinen Finales", das alleine in Deutschland von 29,66 Millionen Menschen im Fernsehen und noch einmal 15 Millionen Menschen auf öffentlichen Plätzen verfolgt wurde. Die offizielle FIFA-Internetseite war während der gesamten WM weltweit über fünf Milliarden mal aufgerufen worden.

Im Foyer des Neuen Schlosses wurde der Stuttgart City Media Point eingerichtet. So nannte sich die Anlaufstelle für alle Journalisten, die nicht nur über die hiesigen Spiele berichten, sondern auch Land und Leute von „Deutschlands schönster Fankurve" im Blick haben wollten. 40 modernste Arbeitsplätze standen zur Verfügung. Hinzu kamen die von der FIFA im Gottlieb-Daimler-Stadion eingerichteten Plätze und nicht zuletzt das vom Land Baden-Württemberg und der DaimlerChrysler AG errichtete Pressezentrum im neuen Mercedes-Benz Museum. Und natürlich hatte die Stadt Stuttgart schon lange vor der WM regelmäßig zu ihren Informationsveranstaltungen in die Weinlaube des Ratskellers geladen.

Hans-Jochen Itte begrüßte jeden Journalisten persönlich

Das SMC (Stadion Media Center) bot Journalisten einen modernen Arbeitsplatz

Bis zu 700 Journalisten berichteten zeitgleich von der Haupttribüne

Live-Berichterstattung mit neuester Technik aus dem Stadion

Direkt über dem VIP-Bereich hatten sich Fotografen aus aller Welt eingerichtet

Volle Konzentration und der Kampf um die besten Plätze – Fotografen bei der Arbeit

CITY MEDIA POINT

2.000 Gäste aus 50 Nationen haben das Angebot genutzt

Oberbürgermeister Dr. Schuster eröffnete den City Media Point

Land und Stadt spielten sich den Ball zu – jeder gab 120.000 Euro

Bundes- und Landespolizei hatten anstrengende Wochen vor sich gehabt

„Immer locker bleiben im Handgelenk"

Im Erdgeschoss fanden 40 Journalisten ein Internetcafé und im ersten Stock nutzten viele die VIP-Lounge zum Informationsaustausch

Klaus Lindemann, Geschäftsführer der Stuttgart Marketing GmbH informierte die Presse

Die Infoquellen der Stadt: Katja Christ, Katrin Lebherz und Stephan Schorn

POLIZEI, VOLUNTEERS...

„Ned gschompfa isch gnug globt". Diese schwäbische Regel wollen wir jetzt einmal in diesem Kapitel verleugnen. Denn die WM war eine besondere Bewährungsprobe für den Öffentlichen Dienst. Dass er diese gewaltige Herausforderung nicht nur bestanden, sondern bei dieser Gelegenheit auch gleich einige nützliche Neuerungen eingeführt hat, wird er wohl schwäbisch-bescheiden als eine Selbstverständlichkeit bezeichnen. Was aber nicht unbedingt zutreffen muss. Man erinnere sich nur an die Olympischen Spiele 2004 in Athen. Zuerst kam die Sicherheit. Schon Anfang April war die Bewältigung von Katastrophen im Gottlieb-Daimler-Stadion geübt worden. Und dass während der Spiele die Randale einiger Hooligans geräuschlos bewältigt wurden, registrierte man mit derselben Zufriedenheit wie den freundlichen Einsatz Uniformierter aus verschiedenen Teilnehmerländern. Im Stillen agierte SIMOS, ein bundesweit einmaliges Projekt. In der neuen Stuttgarter Leitstelle für Sicherheit und Mobilität arbeiten nun mit dem Führungs- und Verwaltungsstab für außergewöhnliche Ereignisse und Katastrophen mehrere Leitstellen unter einem Dach zusammen, ohne dass deren operative Eigenständigkeiten beschränkt werden: die Integrierte Leitstelle der Feuerwehr Stuttgart (ILS) und die des Deutschen Roten Kreuzes, die Integrierte Verkehrsleitzentrale (IVLZ) des Amts für Öffentliche Ordnung, des Tiefbauamts, der Stuttgarter Straßenbahnen AG sowie des Polizeipräsidiums. Die spezielle Arbeit der IVLZ beschränkt sich vorerst auf den Norden bis zum Neckarpark. Doch weil sich schnell gezeigt hatte, „was neue Technik und motivierte Menschen leisten können" (Bürgermeister Dr. Martin Schairer), soll bald das gesamte Stadtgebiet einbezogen werden. Welches vom öffentlichen Nahverkehr bestens versorgt wurde. Und von den Müllmännern sowieso.

DIE HELFER RUND UM DIE WM

Am liebsten wollte Sie keiner hören, sehen oder spüren. Doch ohne die vielen tausend Helfer ging gar nichts

Insgesamt 51 ausländische Polizisten unterstützten die deutschen Kollegen

4 Wochen lang feierten die Fans mit 19 Autokorsos und 6 platten Reifen

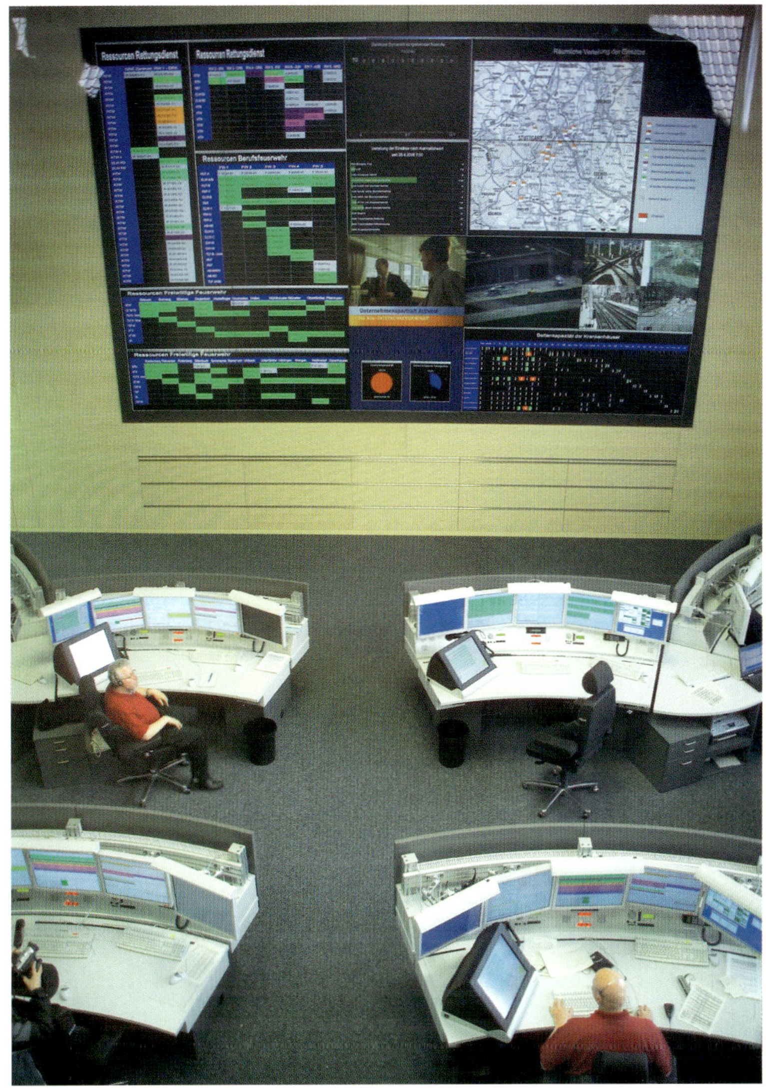

SIMOS: Auf einem riesigen Bildschirm wurden alle Bilder zusammengeführt

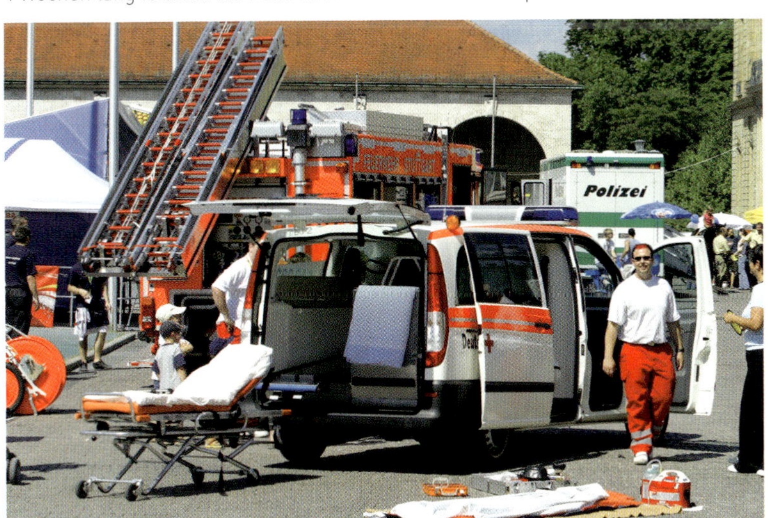

Auf dem Fan Fest wurden die Sanitäter insgesamt 3.000 mal um Hilfe gerufen

Die Feuerwehr hatte mehr umgestürzte Bäume zu entsorgen als Brände zu löschen

STADTREINIGUNG

Rechtzeitig zur WM hatten die Müllmänner ihren Streik beendet

In zusätzlichen Sonderschichten gelang es der Stadtreinigung, die immer wiederkehrenden Müllberge zu beseitigen

Begeistert von unserer Stadtreinigung waren vor allem die Holländer

Straßenreinigungswart Andreas Jeschke führte ein mobiles WM-Tagebuch

VOLUNTEERS

Die ehrenamtlichen Helfer der WM

Zahlreiche Volunteers waren in den WM-Wochen für die Gäste aus aller Welt da. In verschiedenen Landessprachen informierten sie die Gäste und wiesen ihnen den Weg

Ministerpräsident Oettinger begrüßte die Volunteers

Volunteers immer zur Stelle – hier am Infoterminal des Stadions

ANGOLA

Spieler: Joao Ricardo, Kali, Jamba, Loco, Delgado, Akwa, Figueiredo, Miloy, Mateus, Ze Kalanga, Mendonca,

Spieler nicht abgebildet: Marcos Airosa, Lebo Lebo, Rui Marques, Marco Abreu, Andre, Edson, Mantorras, Flavio, Love, Andre Titi Buengo

Torhüter nicht abgebildet: Lama, Mario

Trainer: De Oliveira Goncalves Luis

ARGENTINIEN

Spieler: Sorin Juan, Heinze Gabriel, Coloccini, Abbondanzieri Roberto, Riquelme Juan, Ayala Roberto, Gonzalez Luis, Rodriguez Maxi, Crespo Hernan, Tevez Carlos

Spieler nicht abgebildet: Scaloni Lionel, Milito Gabriel, Cufre Leandro, Burdisso Nicolas, Cambiasso Esteban, Aimar Pablo, Saviola Javier, Palacio Rodrigo, Messi Lionel, Cruz Julio

Torhüter nicht abgebildet: Franco Leonardo, Ustari Oscar

Trainer: Pekerman Jose

AUSTRALIEN

Spieler: Kewell Harry, Chipperfield Scott, Moore Craig, Kalac Zeljko, Viduka Mark, Grella Vince, Emerton Brett, Cahill Tim, Neill Lucas, Sterjovski Mile, Culina Jason

Spieler nicht abgebildet: Popovic Tony, Beauchamp Michael, Milligan Mark, Skoko Josip, Lazaridis Stan, Wilkshire Luke, Bresciano Marco, Aloisi John, Thompson Archie, Kennedy Joshua

Torhüter nicht abgebildet: Schwarzer Mark, Covic Ante

Trainer: Hiddink Guus

BRASILIEN

Spieler: Dida, Adriano, Lucio, Juan, Emerson, Cafu, Ronaldinho, Ze Roberto, Kaka, Roberto Carlos, Ronaldo

Spieler nicht abgebildet: Cicinho, Luisao, Cris, Gilberto, Gilberto Silva, Mineiro, Juninho Pernambucano, Ricardinho, Fred, Robinho

Torhüter nicht abgebildet: Rogerio Ceni, Julio Cesar

Trainer: Parreira Carlos Alberto

COSTA RICA

Spieler: Gomez Ronald, Marin Luis, Gonzalez Leonardo, Badilla Gabriel, Wanchope Paulo, Centeno Walter, Porras Jose, Solis Mauricio, Umana Michael, Bolanos Cristian, Drummond Jervis

Spieler nicht abgebildet: Martinez Gilberto, Wallace Harold, Rodriguez Michael, Fonseca Danny, Azofeifa Randall, Hernandez Carlos, Sequeira Douglas, Bernard Kurt, Saborio Alvaro, Nunez Victor

Torhüter nicht abgebildet: Mesen Alvaro, Alfaro Wardy

Trainer: Guimaraes Alexandre

DEUTSCHLAND

Spieler: Metzelder Christoph, Lehmann Jens, Borowski Tim, Mertesacker Per, Ballack Michael, Kehl Sebastian, Schneider Bernd, Podolski Lukas, Klose Miroslav, Lahm Philipp, Friedrich Arne

Spieler nicht abgebildet: Jansen Marcell, Huth Robert, Nowotny Jens, Schweinsteiger Bastian, Frings Torsten, Hitzlsperger Thomas, Odonkor David, Hanke Mike, Neuville Oliver, Asamoah Gerald

Torhüter nicht abgebildet: Kahn Oliver, Hildebrand Timo

Trainer: Klinsmann Jürgen

ECUADOR

Spieler: Espinoza Giovanny, Hurtado Ivan, Mora Cristian, Tenorio Carlos, Tenorio Edwin, Delgado Agustin, Castillo Segundo, Reasco Neicer, Valencia Luis, Mendez Edison, Guagua Jorge

Spieler nicht abgebildet: De la Cruz Ulises, Perlaza Jose, Ambrosi Paul, Urrutia Patricio, Lara Christian, Ayovi Marlon, Saritama Luis, Borja Felix, Kaviedes Ivan, Benitez Cristian

Torhüter nicht abgebildet: Villafuerte Edwin, Lanza Damian

Trainer: Suarez Luis

ELFENBEINKÜSTE

Spieler: Kalou Bonaventure, Akale Kanga, Toure Yaya, Meite Abdoulaye, Toure Kolo, Tizie Jean-Jacques, Eboue Emmanuel, Zokora Didier, Drogba Didier, Boka Arthur, Keita Kader

Spieler nicht abgebildet: Kouassi Blaise, Zoro Marc, Domoraud Cyrille, Fae Emerse, Yapi Yapo Gilles, Demel Guy, Romaric, Kone Arouna, Kone Bakary, Dindane Aruna

Torhüter nicht abgebildet: Gnanhouan Gerard, Barry Boubacar

Trainer: Michel Henri

ENGLAND

Spieler: Robinson Paul, Terry John, Ferdinand Rio, Gerrard Steven, Hargreaves Owen, Lampard Frank, Ronney Wayne, Beckham David, Neville Gary, Cole Joe, Cole Ashley

Spieler nicht abgebildet: Campbell Sol, Bridge Wayne, Carragher Jamie, Jenas Jermaine, Carrick Michael, Lennon Aaron, Downing Stewart, Owen Michael, Crouch Peter, Walcott Theo

Torhüter nicht abgebildet: James David, Carson Scott

Trainer: Eriksson Sven Goran

FRANKREICH

Spieler: Zidane Zinedine, Gallas William, Vieira Patrick, Thuram Lilian, Henry Thierry, Abidal Eric, Makelele Claude, Malouda Florent, Barthez Fabien, Sagnol Willy, Ribery Frank

Spieler nicht abgebildet: Boumsong Jean-Alain, Silvestre Mikael, Givet Gael, Chimbonda Pascal, Dhorasoo Vikash, Diarra Alou, Govou Sidney, Wiltord Sylvain, Saha Louis, Trezeguet David

Torhüter nicht abgebildet: Landreau Mickael, Coupet Gregory

Trainer: Domenech Raymond

GHANA

Spieler: Appiah Stephen, Pantsil John, Addo Eric, Kingson Richard, Mensah John, Amoah Matthew, Pappoe Emmanuel, Draman Haminu, Gyan Asamoah, Muntari Sulley

Spieler nicht abgebildet: Sarpei Hans, Kuffour Samuel, Shilla Illiasu, Mohamed Habib, Quaye Daniel, Issah Ahmed, Essien Michael, Boateng Derek, Addo Otto, Tachie-Mensah Alex, Pimpong Razak

Torhüter nicht abgebildet: Adjei Sammy, Owu George

Trainer: Dujkovic Ratomir

IRAN

Spieler: Zandi Ferydoon, Nosrati Mohammad, Rezaei Rahman, Bakhtiarizadeh Sohrab, Mirzapour Ebrahim, Daei Ali, Teymourian Andranik, Kaabi Hossein, Mahdavikia Mehdi, Madanchi Mehrzad, Hashemian Vahid

Spieler nicht abgebildet: Golmohammadi Yahya, Sadeqi Amir Hossein, Nekounam Javad, Karimi Ali, Navidkia Moharram, Shojaei Masoud, Khatibi Rasoul, Borhani Arash, Enayati Reza, Kazemeian Javad

Torhüter nicht abgebildet: Roudbarian Hassan, Talebloo Vahid

Trainer: Ivankovic Branko

ITALIEN

Spieler: Buffon Gianluigi, Materazzi Marco, Toni Luca, Grosso Fabio, Totti Francesco, Gattuso Gennaro, Pirlo Andrea, Camoranesi Mauro, Cannavaro Fabio, Zambrotta Gianluca, Perrotta Simone

Spieler nicht abgebildet: Zaccardo Cristian, Barzagli Adrea, Nesta Alessandro, Oddo Massimo, De Rossi Daniele, Barone Simone, Del Piero Alessandro, Gilardino Alberto, Iaquinta Vincenzo, Inzaghi Filippo

Torhüter nicht abgebildet: Peruzzi Angelo, Amelia Marco

Trainer: Lippi Marcello

JAPAN

Spieler: Fukunishi Takashi, Nakamura Shunsuke, Nakazawa Yuji, Yanagisawa Atsushi, Kaji Akira, Kawaguchi Yoshikatsu, Nakata Hidetoshi, Santos Alessandro, Takahara Naohiro, Ogasawara Mitsuo, Miyamoto Tsuneyasu

Spieler nicht abgebildet: Moniwa Teruyuki, Komano Yuichi, Nakata Koji, Tsuboi Keisuke, Endo Yasuhito, Inamoto Junichi, Ono Shinji, Maki Seiichiro, Oguro Masashi, Tamada Keiji

Torhüter nicht abgebildet: Narazaki Seigo, Doi Yoichi

Trainer: Zico

REPUBLIK KOREA

Spieler: Lee Woon Jae, Choi Jin Cheul, Kim Dong Jin, Lee Ho, Kim Nam Il, Cho Jae Jin, Lee Chun Soo, Park Ji Sung, Kim Jin Kyu, Lee Young Pyo, Park Chu Young

Spieler nicht abgebildet: Kim Young Chul, Kim Sang Sik, Song Chong Gug, Cho Won Hee, Kim Do Heon, Lee Eul Yong, Baek Ji Hoon, Ahn Jung Hwan, Seol Ki Hyeon, Chung Kyung Ho

Torhüter nicht abgebildet: Kim Yong Dae, Kim Young Kwang

Trainer: Advocaat Dick

KROATIEN

Spieler: Simunic Josip, Pletikosa Stipe, Prso Dado, Tudor Igor, Babic Marko, Kranjcar Niko, Srna Darijo, Klasnic Ivan, Kovac Niko, Kovac Robert, Simic Dario

Spieler nicht abgebildet: Tokic Mario, Tomas Stjepan, Vranjes Jurica, Modric Luka, Leko Ivan, Leko Jerko, Seric Anthony, Olic Ivica, Balaban Bosko, Bosnjak Ivan

Torhüter nicht abgebildet: Didulica Joe, Butina Tomislav

Trainer: Kranjcar Zlatko „Cico"

MEXIKO

Spieler: Sanchez Oswaldo, Fonseca Jose, Suarez Claudio, Marquez Rafael, Pardo Pavel, Mendez Mario, Castro Jose, Guardado Andres, Salcido Carlos, Morales Ramon, Borgetti Jared

Spieler nicht abgebildet: Osorio Ricardo, Pineda Gonzalo, Rodriguez Francisco, Torrado Gerardo, Zinha, Garcia Rafael, Perez Luis, Franco Guillermo, Bravo Omar, Arellano Jesus

Torhüter nicht abgebildet: Corona Jose, Ochoa Guillermo

Trainer: La Volpe Ricardo

NIEDERLANDE

Spieler: Van der Sar Edwin, Van Nistelrooij Ruud, Kuyt Dirk, Cocu Phillip, Jaliens Kew, Van Persie Robin, De Cler Tim, Van der Vaart Rafael, Sneijder Wesley, Boulahrouz Khalid, Ooijer Andre

Spieler nicht abgebildet: Mathijsen Joris, Van Bronckhorst Giovanni, Kromkamp Jan, Heitinga John, Landzaat Denny, Maduro Hedwiges, Van Bommel Mark, Robben Arjen, Vennegoor of Hesselink Jan, Babel Ryan

Torhüter nicht abgebildet: Timmer Henk, Stekelenburg Maarten

Trainer: Van Basten Marco

PARAGUAY

Spieler: Santa Cruz Roque, Gamarra Carlos, Bobadilla Aldo, Caceres Julio Cesar, Paredes Carlos, Dos Santos Julio, Nunez Jorge, Acuna Roberto, Barreto Edgar, Valdez Nelson, Caniza Denis

Spieler nicht abgebildet: Toledo Delio, Da Silva Paulo, Manzur Julio, Bonet Carlos, Cabanas Salvador, Gavilan Diego, Riveros Cristian, Montiel Jose, Lopez Dante, Cuevas Nelson

Torhüter nicht abgebildet: Villar Justo, Gomez Derlis

Trainer: Ruiz Anibal

POLEN

Spieler: Bak Jacek, Boruc Artur, Bosacki Bartosz, Krzynowek Jacek, Jelen Ireneusz, Szymkowiak Miroslav, Zewlakow Michal, Baszczynski Marcin, Smolarek Ebi, Zurawski Maciej, Radomski Arkadiusz

Spieler nicht abgebildet: Jop Mariusz, Gancarczyk Seweryn, Dudka Dariusz, Lewandowski Mariusz, Kosowski Kamil, Sobolewski Radoslaw, Mila Sebastian, Giza Piotr, Rasiak Grzegorz, Brozek Pawel

Torhüter nicht abgebildet: Kuszczak Tomasz, Fabianski Lukasz

Trainer: Janas Pawel

PORTUGAL

Spieler: Ricardo, Pauleta, Nuno Valente, Ricardo Costa, Fernando Meira, Costinha, Maniche, Deco, Simao Sabrosa, Paulo Ferreira, Cristiano Ronaldo

Spieler nicht abgebildet: Caneira, Miguel, Ricardo Carvalho, Petit, Hugo Viana, Tiago, Luis Figo, Boa Morte, Nuno Gomes, Helder Postiga

Torhüter nicht abgebildet: Quim, Paulo Santos

Trainer: Scolari Luiz Felipe

SAUDI-ARABIEN

Spieler: Sulimani Hussein, Noor Mohammed, Kariri Saud, Tukar Redha, Al Ghamdi Omar, Zaid Mabrouk, Aziz Khaled, Dokhi Ahmed, Al Kahtani Yasser, Ameen Mohammed, Al Montashari Hamad

Spieler nicht abgebildet: Al Qadi Naif, Khathran Abdulaziz, Al Bahri Ahmed, Al Bishi Mohamed, Al Shlhoub Mohammad, Al Temyat Nawaf, Massad Mohammed, Al Jaber Sami, Al Harthi Saad, Al Hawsawi Malek

Torhüter nicht abgebildet: Al Deayea Mohammed, Khojah Mohammad

Trainer: Paquetá Marcos

SCHWEDEN

Spieler: Lucic Teddy, Mellberg Olof, Larsson Henrik, Alexandersson Niclas, Allback Marcus, Linderoth Tobias, Jonson Mattias, Isaksson Andreas, Ljungberg Fredrik, Kallstrom Kim, Edman Erik

Spieler nicht abgebildet: Nilsson Mikael, Hansson Petter, Stenman Fredrik, Svensson Karl, Svensson Anders, Andersson Daniel, Wilhelmsson Christian, Ibrahimovic Zlatan, Elmander Johan, Rosenberg Markus

Torhüter nicht abgebildet: Alvbage John, Shaaban Rami

Trainer: Lagerback Lars

SCHWEIZ

Spieler: Frei Alexander, Djourou Johan, Yakin Hakan, Degen Philipp, Zuberbuehler Pascal, Magnin Ludovic, Cabanas Ricardo, Barnetta Tranquillo, Wicky Raphael, Mueller Patrick, Vogel Johann

Spieler nicht abgebildet: Senderos Philippe, Grichting Stephane, Spycher Christoph, Margairaz Xavier, Dzemaili Blerim, Behrami Valon, Gygax Daniel, Streller Marco, Degen David, Lustrinelli Mauro

Torhüter nicht abgebildet: Benaglio Diego, Coltorti Fabio

Trainer: Kuhn Koebi

SERBIEN UND MONTENEGRO

Spieler: Djordjevic Predrag, Milosevic Savo, Krstajic Mladen, Dudic Milan, Jevric Dragoslav, Gavrancic Goran, Stankovic Dejan, Koroman Ognjen, Kezman Mateja, Duljaj Igor, Nadj Albert

Spieler nicht abgebildet: Dragutinovic Ivica, Vidic Nemanja, Basta Dusan, Djordjevic Nenad, Petkovic Dusan, Ergic Ivan, Vukic Zvonimir, Ilic Sasa, Zigic Nikola, Ljuboja Danijel

Torhüter nicht abgebildet: Kovacevic Oliver, Stojkovic Vladimir

Trainer: Petkovic Ilija

SPANIEN

Spieler: Casillas Iker, Pernia Mariano, Pablo, Ramos Sergio, Xabi Alonso, Torres Fernando, Xavi, Raul, Fabregas Cesc, Villa David, Puyol Carlos

Spieler nicht abgebildet: Salgado Michel, Marchena Carlos, Lopez Antonio, Juanito, Albelda David, Reyes Jose Antonio, Iniesta, Marcos Senna, Joaquin, Garcia Luis

Torhüter nicht abgebildet: Canizares Santiago, Reina Jose Manuel

Trainer: Aragones Luis

TOGO

Spieler: Agassa Kossi, Nibombe Dare, Adebayor Emmanuel, Aziawonou Yao, Mamam Cherif Toure, Tchangai Massamasso, Senaya Yao Junior, Salifou Moustapha, Forson Richmond, Mohamed Kader, Abalo Jean-Paul

Spieler nicht abgebildet: Akoto Eric, Assemoassa Ludovic, Toure Assimiou, Agboh Kuami, Dossevi Thomas, Romao Alaixys, Erassa Affo, Atsou Franck, Malm Robert, Olufade Adekanmi

Torhüter nicht abgebildet: Tchagnirou Ouro-Nimini, Obilale Kodjovi

Trainer: Pfister Otto

TRINIDAD UND TOBAGO

Spieler: Yorke Dwight, Sancho Brent, Hislop Shaka, John Avery, Lawrence Dennis, Samuel Collin, Edwards Carlos, Birchall Christopher, Gray Cyd, Theobald Densill, John Stern

Spieler nicht abgebildet: Cox Ian, Andrews Marvin, Charles Atiba, Whitley Aurtis, Wolfe Anthony, Latapy Russell, Glen Cornell, Jones Kenwyne, Wise Evans, Scotland Jason

Torhüter nicht abgebildet: Jack Kelvin, Ince Clayton

Trainer: Beenhakker Leo

TSCHECHISCHE REPUBLIK

Spieler: Plasil Jaroslav, Cech Petr, Grygera Zdenek, Rozehnal David, Kovac Radoslav, Jankulovski Marek, Nedved Pavel, Rosicky Tomas, Poborsky Karel, Baros Milan, Polak Jan

Spieler nicht abgebildet: Mares Pavel, Jiranek Martin, Ujfalusi Tomas, Galasek Tomas, Jarolim David, Stajner Jiri, Sionko Libor, Koller Jan, Lokvenc Vratislav, Heinz Marek

Torhüter nicht abgebildet: Blazek Jaromir, Kinsky Antonin

Trainer: Bruckner Karel

TUNESIEN

Spieler: Jaidi Radhi, Trabelsi Hatem, Haggui Karim, Namouchi Hamed, Mnari Jaouhar, Boumnijel Ali, Nafti Mehdi, Chedli Adel, Ayari Anis, Jaziri Zied, Bouazizi Riadh

Spieler nicht abgebildet: Yahia Alaeddine, Jemmali David, Saidi Karim, Ghodhbane Kaies, Melliti Sofiane, Essediri Karim, Guemamdia Haykel, Chikhaoui Yassine, Santos, Ben Saada Chaouki

Torhüter nicht abgebildet: Nefzi Adel, Kasraoui Hamdi

Trainer: Lemerre Roger

UKRAINE

Spieler: Gusin Andriy, Shevchenko Andriy, Shovkovskyi Oleksandr, Nesmachnyi Andriy, Shelayev Oleg, Kalinichenko Maksym, Vashchuk Vladyslav, Tymoschuk Anatoliy, Voronin Andriy, Vorobey Andriy, Gusev Oleg

Spieler nicht abgebildet: Iatsenko Oleksandr, Yezerskyi Vladimir, Rusol Andriy, Chigrynskyi Dmytro, Sviderskyi Vyacheslav, Rebrov Serhiy, Nazarenko Serhiy, Rotan Ruslan, Milevskiy Artem, Belik Oleksiy

Torhüter nicht abgebildet: Pyatov Andriy, Shust Bohdan

Trainer: Blokhin Oleg

USA

Spieler: Bocanegra Carlos, Onyewu Oguchi, Pope Eddie, Mc Bride Brian, Keller Kasey, Dempsey Clint, Mastroeni Pablo, Reyna Claudio, Convey Bobby, Donovan Landon, Cherundolo Steve

Spieler nicht abgebildet: Albright Chris, Lewis Eddie, Berhalter Greg, Conrad Jimmy, O Brien John, Olsen Ben, Beasley DaMarcus, Johnson Eddie, Ching Brian, Wolff Josh

Torhüter nicht abgebildet: Howard Tim, Hahnemann Marcus

Trainer: Arena Bruce

VORRUNDENERGEBNISSE

Gruppe A

- Deutschland
- Costa Rica
- Polen
- Ecuador

Deutschland - Costa Rica	4:2
Polen - Ecuador	0:2
Deutschland - Polen	1:0
Ecuador - Costa Rica	3:0
Ecuador - Deutschland	0:3
Costa Rica - Polen	1:2

1.	**Deutschland**	**3**	**0**	**0**	**8:2**	**9**
2.	**Ecuador**	**2**	**0**	**1**	**5:3**	**6**
3.	Polen	1	0	2	2:4	3
4.	Costa Rica	0	0	3	3:9	0

Gruppe B

- England
- Paraguay
- Trinidad & Tobago
- Schweden

England - Paraguay	1:0
Trinidad & Tobago - Schweden	0:0
England - Trinidad & Tobago	2:0
Schweden - Paraguay	1:0
Schweden - England	2:2
Paraguay - Trinidad & Tobago	2:0

1.	**England**	**2**	**1**	**0**	**5:2**	**7**
2.	**Schweden**	**1**	**2**	**0**	**3:2**	**5**
3.	Paraguay	1	0	2	2:2	3
4.	Trinidad & Tobago	0	1	2	0:4	1

Gruppe C

- Argentinien
- Elfenbeinküste
- Serbien & Montenegro
- Niederlande

Argentinien - Elfenbeinküste	2:1
Serbien Monten. - Niederlande	0:1
Argentinien - Serbien Monten.	6:0
Niederlande - Elfenbeinküste	2:1
Niederlande - Argentinien	0:0
Elfenbeinküste - Ser. Monten.	3:2

1.	**Argentinien**	**2**	**1**	**0**	**8:1**	**7**
2.	**Niederlande**	**2**	**1**	**0**	**3:1**	**7**
3.	Elfenbeinküste	1	0	2	5:6	3
4.	Serbien Monten.	0	0	3	2:10	0

Gruppe D

- Mexiko
- Iran
- Angola
- Portugal

Mexiko - Iran	3:1
Angola - Portugal	0:1
Mexiko - Angola	0:0
Portugal - Iran	2:0
Portugal - Mexiko	2:1
Iran - Angola	1:1

1.	**Portugal**	**3**	**0**	**0**	**5:1**	**9**
2.	**Mexiko**	**1**	**1**	**1**	**4:3**	**4**
3.	Angola	0	2	1	1:2	2
4.	Iran	0	1	2	2:6	1

Gruppe E

- Italien
- Ghana
- USA
- Tschechische Republik

Italien - Ghana	2:0
USA - Tschechische Rep.	0:3
Italien - USA	1:1
Tschechische Rep. - Ghana	0:2
Tschechische Rep. - Italien	0:2
Ghana - USA	2:1

1.	**Italien**	**2**	**1**	**0**	**5:1**	**7**
2.	**Ghana**	**2**	**0**	**1**	**4:3**	**6**
3.	Tschech. Rep.	1	0	2	3:4	3
4.	USA	0	1	2	2:6	1

Gruppe F

- Brasilien
- Kroatien
- Australien
- Japan

Brasilien - Kroatien	1:0
Australien - Japan	3:1
Brasilien - Australien	2:0
Japan - Kroatien	0:0
Japan - Brasilien	1:4
Kroatien - Australien	2:2

1.	**Brasilien**	**3**	**0**	**0**	**7:1**	**9**
2.	**Australien**	**1**	**1**	**1**	**5:5**	**4**
3.	Kroatien	0	2	1	2:3	2
4.	Japan	0	1	2	2:7	1

Gruppe G

- Frankreich
- Schweiz
- Republik Korea
- Togo

Frankreich - Schweiz	0:0
Republik Korea - Togo	2:1
Frankreich - Republik Korea	1:1
Togo - Schweiz	0:2
Togo - Frankreich	0:2
Schweiz - Republik Korea	2:0

1.	**Schweiz**	**2**	**1**	**0**	**4:0**	**7**
2.	**Frankreich**	**1**	**2**	**0**	**3:1**	**5**
3.	Republik Korea	1	1	1	3:4	4
4.	Togo	0	0	3	1:6	0

Gruppe H

- Spanien
- Ukraine
- Tunesien
- Saudi-Arabien

Spanien - Ukraine	4:0
Tunesien - Saudi-Arabien	2:2
Spanien - Tunesien	3:1
Saudi-Arabien - Ukraine	0:4
Saudi-Arabien - Spanien	0:1
Ukraine - Tunesien	1:0

1.	**Spanien**	**3**	**0**	**0**	**8:1**	**9**
2.	**Ukraine**	**2**	**0**	**1**	**5:4**	**6**
3.	Tunesien	0	1	2	3:6	1
4.	Saudi-Arabien	0	1	2	2:7	1

FINALRUNDENERGEBNISSE

Achtelfinale		
Deutschland - Schweden	2:0	Klose Miroslav
Argentinien - Mexiko	n. V. 2:1	Rodriguez Maxi
England - Ecuador	1:0	Terry John
Portugal - Niederlande	1:0	Maniche
Italien - Australien	1:0	Buffon Gianluigi
Schweiz - **Ukraine**	n. E. 0:3	Shovkovskyi Oleksandr
Brasilien - Ghana	3:0	Ze Roberto
Spanien - **Frankreich**	1:3	Vieira Patrick

Viertelfinale		
Deutschland - Argentinien	n. E. 5:3	Ballack Michael
Italien - Ukraine	3:0	Gattuso Gennaro
England - **Portugal**	n. E. 1:3	Hargreaves Owen
Brasilien - **Frankreich**	0:1	Zidane Zinedine

Halbfinale		
Deutschland - **Italien**	n. V. 0:2	Pirlo Andrea
Portugal - **Frankreich**	0:1	Thuram Lilian

Spiel um Platz 3		
Deutschland - Portugal	3:1	Schweinsteiger Bastian

Finale		
Italien - Frankreich	n. E. 6:4	Pirlo Andrea

AUSZEICHNUNGEN

WM-Auszeichnungen	
adidas „Goldener Schuh"	Klose Miroslav
adidas „Goldener Ball"	Zidane Zinedine
FIFA Fair play	Brasilien, Spanien
FIFA „Unterhaltsamstes Team"	Portugal
Lev-Yashin Auszeichnung „Bester Torwart"	Buffon Gianluigi
Gillette Auszeichnung „Bester Junger Spieler"	Podolski Lukas
FIFAworldcup.com-Leserwahl „Bester Halbfinalspieler"	Zidane Zinedine
Man of the Match	siehe Finalrundenergebnisse

FIFA
WORLD CUP

AUF WIEDERSEHEN IN SÜDAFRIKA 2010

Nach der WM ist vor der WM. Dass sie beim nächsten Mal in Südafrika ausgetragen wird, dürfte für die wirtschaftliche und vor allem politische Entwicklung ganz Afrikas sehr bedeutend werden. Auch wenn Südafrika selber derzeit noch vor großen Problemen steht. Denn viele Planungen sind noch nicht abgeschlossen. Vier neue Stadien müssen errichtet, Straßen und Flughäfen vergrößert bzw. neu gebaut werden. Allein in verkehrstechnische Maßnahmen sollen rund 1,5 Milliarden Euro fließen. Einen großen Teil werden die FIFA und ihre Sponsoren übernehmen. Eine bedeutende Fußball-Lobby wie in Deutschland gibt es in Südafrika nicht. Zudem droht die Gefahr, dass die Vorbereitungen am Kap zum Thema mehrerer wichtiger anstehender Wahlkämpfe verkommen. Angesichts der vielen Sorgen ist es umso wichtiger, dass dieses Land eine breite Unterstützung erfährt. Die wird es vor allem aus Deutschland bekommen. Unsere technischen und logistischen Erfahrungen werden dabei nicht weniger hilfreich sein als die traditionell sehr guten Wirtschaftsbeziehungen. Dass dabei Baden-Württemberg an vorderster Stelle steht, wundert nicht. Für uns selbst, das heißt, für unsere Mannschaft bestehen die besten Aussichten. Das ja noch sehr junge Team wird sich nach seinem großen Erfolg bei dieser WM durch die bevorstehende Europameisterschaft in der Schweiz gewiss noch festigen und steigern. Mit Joachim Löw hat der engste Vertraute von Jürgen Klinsmann die Leitung des Teams übernommen und wir hoffen, dass er 2010 in Südafrika noch dabei ist.

Die ersten Spuren im Sand zeichneten Hanni und Walter Geugis mit Bernd, am Tag des Endspiels in Deutschland, in den Sand von Bloubergstrand in Kapstadt

BILDNACHWEIS

Josh von Staudach, www.circulus.de:
Seiten 12-13, 14 o.l., 16-17, 22, 25 u., 38 o.l., u.l., u.r., 39-43, 47, 53 o., 54-58, 60 o., 64, 71 o., u.r., 72, 75 o., u.m., 76-77, 79 u.l., u.m., u.r., 80 o.l., o.r., 81 o., 82, 88-90, 99, 112-113, 115-117, 119 o.l., 120-122, 126-128, 129 o., 130-133, 150-151, 157 m.l., 163 u.l., 167, 169 u.l., u.r., 170 o.l., 173 o.l., m.r., 183 m.l., m.r., 184 o.l., o.r., m.l., u.l., u.r., 185 o.r., m.r., u.l., u.r., 186-187, 192 u.l., u.r., 193, 201 u.l., u.r., 202 u.l., Rückseite r1

Martin Frischauf, www.neuersportverlag.de:
Seiten Titel o., 7, 8, 15 u., 26, 27 o.l., o.r., u.l., 28-31, 32 u.r., 33 o., u.r., 48-51, 66 u.l., u.r., 67-69, 81 u., 84-87, 96 u., 97, 100 u.l., u.m., u.r., 101-105, 108-109, 118 m.l., u.l., u.r., 119 o.r., 129 u.l., u.r., 134, 135 m., u.l., u.r., 136-139, 146 u.l., 148, 154-156, 157 o.l., u.r., 158-162, 163 o.l., o.r., m.l., 164-165, 166 u.l., m.r., u.r., 168, 170 o.r., 171, 172, o.l., o.r., m.l., m.r., 173 o.r., m.l., 174-177, 179, 180 l., m., 181 l., r., 182, 183 o.l., o.r., u.l., 185 o.l., m.l., 188-189, 194 o.l., 196-200, 201 o.l., o.r., m.l., 202 o., 203 u.r., 212, Rückseite l2, l3, l4, r2, r3, r4

Hendrik Schulze Kalthoff, www.neuersportverlag.de:
Seiten 14 o.r., u.l., u.r., 15 o., 18-19, 20 u., 21, 23, 24 u.l., u.m., 25 o., 32 o.l., o.r., u.l., 33 u.l., 38 o.r., 44-46, 52, 53 m.l., m.r., u., 60 u., 61, 63, 65 u., 70, 71 u.l., 74, 75 m.l., m.m., m.r., u.l., u.r., 79 o., 83, 92 o., 93, 94-95, 96 o.l., o.r., 98, 106-107, 110, 114, 118 o.l., o.r., 119 u., 142-144, 145 o.l., o.r., 147 u., 166 o.l., o.r., 169 o., 170 u.l., 172 u.l., u.r., 183 u.r., 184 m.r., Rückseite l1

Andreas Rosar, www.fotoagentur-stuttgart.de:
Seiten 24 o., u.r., 34, 65 o., 146 o.

dpa Picture-Alliance:
Seiten 20 o., 36-37, 62, 78, 80 u., 92 u., 140-141, 145 u., 152-153, 180 r., 204-209, 211, Rückseite oben

Frank Eppler, www.foto-eppler.de:
Seite 66 o.

Holm Wolschendorf, www.bildlook.de:
Seiten 123-125, 147 o.r., m., 192 o.l., o.r., m.l., m.r.

Steigenberger Graf Zeppelin:
Seiten 146 u.r., 147 o.l.

Karl Semle:
Seite 100 o.

Robert Bosch GmbH:
Seiten 170 m.l., m.r., u.r.

Garten-, Friedhofs- und Forstamt der Landeshauptstadt Stuttgart:
Seiten 157 o.r., m.r., u.l.

Stuttgart-Marketing GmbH:
Seite 178

Staatsministerium Baden-Württemberg:
Seiten 135 o.l., o.r., 163 m.r., u.r., 203 o., u.l.

Moll, www.coobjektiv.de:
Seite 194 m.l., m.r., u.l.; Kümmritz: Seite 194 u.r.

Eva Walter: Seiten 173 u.r., 202 u.r.

Wolf Helzle, www.helzle.com:
Seiten 190-191

Stuttgarter Zeitung:
Titelbild, Steinert vom 27.06.06

DaimlerChrysler AG:
Seite 27 u.r.

Ursula Cantieni:
Seite 181 m.

Bernd aus Südafrika:
Seite 213

TEXTNACHWEIS

Gerhard Wagner, Autor, www.gerhard-g-wagner.de:
Alle Spielberichte und Einleitungstexte

Markus Heffner und Erik Raidt, Stuttgarter Zeitung:
Seiten 35, 59, 73, 91, 111, 149, 195

Iris Tritschler:
Recherchearbeiten zu den Texten Seite 154 und 164

Martin Frischauf:
Bildunterschriften

IMPRESSUM

Stuttgart feiert die WM – mit Freunden aus der ganzen Welt
Die FIFA Fussball-Weltmeisterschaft 2006™
Stuttgart: Neuer Sportverlag, 2006

Herausgeber: Neuer Sportverlag
Projektleitung: Martin Frischauf, Hendrik Schulze Kalthoff
Koordination: Eva Walter, Claudia Frischauf
Text: Gerhard Wagner, Erik Raidt, Markus Heffner
Fotos: Neuer Sportverlag, Josh von Staudach, dpa
Gestaltung: Pars pro toto Werbeagentur Gbr
Reproduktion: Schwabenrepro GmbH
Schlussredaktion: Martin Frischauf, Hendrik Schulze Kalthoff
Druck: Media-Print Informationstechnologie GmbH

Neuer Sportverlag, Forststraße 86, 70176 Stuttgart
Telefon: 0711/66614-33, www.neuersportverlag.de

2. Auflage 2006

DAS TEAM

Martin Frischauf
Idee, Konzeption, Redaktion,
Fotografie und Bildunterschriften

Hendrik Schulze Kalthoff
Konzeption, Produktion,
Redaktion und Fotografie

Josh von Staudach
Fotografie,
Schwerpunkt Panoramafotografie

Gerhard Wagner
Autor der Spielberichte
und der Einleitungstexte

Erik Raidt
Redakteur der Stuttgarter Zeitung

Markus Heffner
Redakteur der Stuttgarter Zeitung

Claudia Frischauf
Vertrieb, Lektorat und Organisation

Eva Walter
Koordination, Vertrieb, Kontakt

Hans-Jürgen Müller
Ideen, Texte, Korrektur und
Berater in allen Lebensfragen

Zoi Dimitriou
Grafik, Layout und viele Ideen

David Frick
Grafik, Satz und Programmierung

Martin Rahlfs
Grafik, Satz und Daten-Workflow

Bernhard Mayer
Kreative Bildretusche
und Daten-Workflow

Andrea Leistner
Kreative Bildretusche
und Daten-Workflow

Sigrid Sailer
Kreative Bildretusche
und Daten-Workflow

Thomas Schmid
Konstrukteur des WM-Balls
(Pebbles-Ball) und filigraner Bastler

Pebbles-Ball
Mit den Flaggen aller Länder,
die an der WM teilgenommen haben.
Er begleitete uns durch die
gesamte WM und öffnete viele Herzen

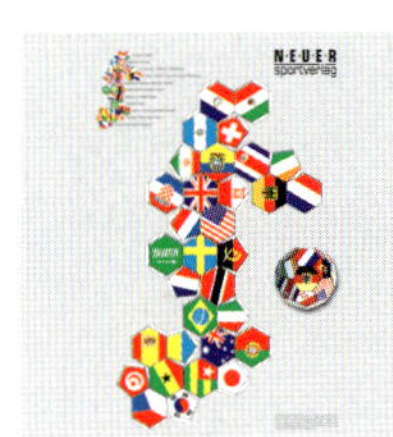

Pebbles-Ball
In zwei Größen als Schnittbogen
zum selber Basteln erhältlich

Format A4, Preis 3,- €
Format A3, Preis 5,- €
zzgl. Porto und Versand 3,- €

Zu bestellen unter:
www.neuersportverlag.de